넘버원
세일즈맨의
비밀수첩

넘버원 세일즈맨의 비밀수첩

THE SECRET LIFE

OF A #1 SALESMAN

"생명보험업계의 살아 있는 전설 솔로몬 힉스"

솔로몬 힉스 · 미셸 존스 지음 | 변인영 옮김

비전코리아

이 세상 모든 세일즈맨들에게 이 책을 바칩니다.

최고의 위치에 오를 당신을 위해.

CONTENTS

CHAPTER THREE

시작하기 전에……

자신과 약속하라……

절대 포기하지 않는다고.

바라는 것보다
CHAPTER ZERO
더 많은 것을 가져라

바라는 것보다
더 많은 것을 가져라

우리는 한 길을 함께 가는 세일즈맨이다

　　　　　　　　　　　이 책은 1챕터에 들어가기 전부터 시작된다. 이는 첫 번째 성과를 올리기 위해선 세일즈를 먼저 시작해야 하는 것과 같은 이치다. 당신은 당신이 거둔 성과보다 더 거대하고 가장 열정적인 목소리의 '예스'보다 더 긍정적이며 가장 큰 목소리의 '노'보다 더 강하다.

　우리는 세일즈맨이기 이전에 사람이다. 세일즈가 우리를 성공으로 이끄는 게 아니라 우리가 세일즈를 성공으로 이끈다.

　이 책을 이렇게 시작하는 이유는 당신이 이 책을 흔해 빠진 자기계발서로 받아들이지 않았으면 하는 바람 때문이다. 이렇게 하라,

저렇게 하라는 식으로 시답잖은 명령을 내리면서 당신을 나의 성공, 견해, 꿈을 무작정 추종하는 인간복제품으로 만들고픈 생각은 추호도 없다.

그런 자기계발법은 어린이, 전혀 관심 없는 생면부지의 사람에게나 써먹는 방법이다. 당신은 분명 어린이가 아니기에 이에 대해 더 이상 길게 말할 필요는 없지만 "난 어린이는 아니지만 당신이 모르는 사람인 건 맞지 않나"고 생각할지도 모를 누군가를 위해 얼마간의 시간을 할애하고 싶다.

분명히 말하지만 나는 당신을 잘 알고 있을뿐더러 당신에게 진정 관심이 있다. 사실이다.

당신이 하는 일이 세일즈라면 나는 당신을 안다. 당신이 성과를 이뤄 희열을 맛보았거나 목표를 달성하지 못해 불안과 고독 같은 우울한 감정들을 경험해보았다면 나는 당신을 잘 안다. 당신이 제공할 상품과 서비스를 원할지 어떨지 전혀 모르는 사람들의 손에 내맡겨진 당신의 미래에 대해 실망하거나 두려워하거나 의심해본 적이 있는가? 지갑 안 쪽지에 적어두었거나 컴퓨터 모니터에 붙여놓은 자기긍정의 말들을 실천하고 살 수 있을지가 의심스러운가? 그렇다면 당신은 내가 아는 사람이 맞다. 내가 당신을 아는 건 내가 바로 당신이기 때문이다. 당신의 인생행로는 곧 나의 인생행로이다.

우리는 공통된 경험들로 서로 이어져 있다. 동일한 욕구를 지니고 있고 성공과 실패의 잣대가 서로 그다지 다르지 않다. 나는 당신을 알고 우리는 서로에 대해 잘 알고 있다.

그럴진대 어떻게 내가 나의 성공만을 신경 쓰고 당신의 성공은 나 몰라라 할 수 있겠는가? 같은 비즈니스업계에서 일하고 있는 우리는 흥해도 같이 흥하고 망해도 같이 망한다. 다소 과격한 말로 들린다면 내가 제대로 잘 표현한 것이다.

타인을 위해 당신의 지혜를 밝혀라

다른 업계보다 세일즈업계의 최고수들은 다른 사람들의 성공에 의해 고무되고 깨달음을 얻는 경우가 많다. 최고의 성과를 올리는 비즈니스맨 한 사람의 손에 들린 연장들은 그가 기꺼이 나눠준다면(때로는 공유하려 하지 않더라도) 우리 모두를 위한 연장이 된다.

능력 있는 우리는 타인을 통해 자신에게 걸맞은 검증된 테크닉을 만들어낼 수 있고 정직한 우리는 자신의 실적을 타인의 공으로 돌릴 수 있어야 한다. 어색한 분위기를 깨기 위해 농담을 할 때나 효과 만점의 클로징 멘트를 할 때도 우리는 서로에게 의지하고 있기 때문이다.

나는 지독하게 배운다. 세일즈를 처음 시작한 날부터 이 책을 저술하기까지 근 40년 동안 세일즈에 관한 거라면 책이든 카세트테이프든 CD든 간에 닥치는 대로 섭렵해왔다. 근처에서 좋은 간담회나 워크숍 혹은 세미나가 열리면 꼭 참가해 오프닝 때부터 클로징 멘트가 끝날 때까지 자리를 뜨지 않았다. 나는 모른다는 사실을 인정하는 걸 부끄러워하지 않으며 끊임없이 앎의 욕구를 채워가는 진정한 학습자다.

지금껏 배움의 과정에서 나는 수많은 저자, 강사, 코치 혹은 교사를 만나왔지만 그들 중 내가 얻은 만큼의 깨달음과 성과를 성취한 이는 별로 없었다. 나 역시 기가 막힌 테크닉 몇 가지를 나보다 경력이 훨씬 짧고 수상경력도 미미한 데다 인지도도 떨어지는 동료로부터 얻었다. 이것은 중요한 사실을 알려준다. 우리는 언제나 배우는 것 이상으로 뛰어나고 그릇이 크며 모든 교사는 학생의 하인이라는 점이다.

대부분의 사람들은 거꾸로 생각한다. 교사들을 숭배하면서 그들과 같아지기를 희망하는 것이다. 또한 지식과 깨우침을, 깊이 들어가면 빠져 죽을지도 모를 거대한 연못이라고 여긴다.

사실 학생은 교사에게 목표와 의미를 제공해주는 존재이다. 배우는 학생이 없으면 교사가 무슨 필요가 있겠는가? 지식을 얻고자 하는 사람이 없으면 지식은 무용지물이지 않은가? 받아들이는 모든 경험과 교훈은 우리의 일부가 되어야 한다. 결코 그것의 노예가 되어서는 안 된다.

이것이 이 책을 대하는 당신의 마음가짐이었으면 한다. 당신이 이 책에서 얻은 것을 자기 것으로 만들어 활용함으로써 더 나은 결과물을 만들어내길 진심으로 바란다. 나는 당신이 할 수 있을 것이라 확실히 믿는다.

이 책은 소중한 당신에게 보내는 나의 작은 선물이다. 작다는 것은 겸양을 떨기 위한 말이 아니다. 나는 이 책이 당신이 하고 있는 모든 일에 많은 가치를 더해줄 것이라 믿는다. 그렇지 않다면 책을 쓰지도 않았을 것이다. '작다'는 말은 당신이 훗날 다른 사람들에게 큰 선물을 베푸는 데 내 작은 선물이 이바지하기를 희망한다는 뜻이다.

이런 생각에서 이 책을 읽는 당신에게 도움이 될 조언을 하나 하겠다. 당신이 바라는 것 이상을 가져라. 시간관리 방법이나 예상고객에게 말 거는 방법 등에 관한 몇 가지 팁이나 얻어갈 요량 이상의 기대를 품으라는 뜻이다. 그렇다고 신탁을 찾아 나선 무지몽매한 자들처럼 극단으로 치닫지는 말라. 나는 당신의 구세주가 아니다. 당신에겐 구세주 따위가 필요하지 않다.

속으로 마냥 바라기만 하지 말고 자신을 드러내라. 이 책에서 포확한 지식으로 참된 당신의 모습을 표현하라. 무엇보다 가장 중요한 것은 당신 자신이다. 이 책을 통해 얻은 지혜로써 당신의 총명함을 발산하고 다른 사람들을 향해 밝게 비춰라.

내일을 기억하고 내 안의 나를 발견하라

'내일을 기억하라.' 이 문장은 앞뒤가 맞지 않는 말처럼 들릴지도 모른다. 기억한다는 것은 어제의 일, 즉 이미 과거가 된 일들에 관한 것이니까. 물론 사실이다. 단 한 가지 예외만 제외하면 말이다.

당신의 꿈은 어디에 살고 있는가?

당신이 진정 어떤 사람인지를 어렴풋이 느껴본 적이 있는가? 당신에게서 당신다움이 사라질 때 가슴 깊숙이 통증이 느껴지는가? 당신의 운명이 당신 앞에 펼쳐져 있고 내가 제공하는 모든 것들이 그 길을 밝히는 데 도움이 될 것이라는 확신을 품고 이 책에 임하라. 당신과 나보다 훨씬 더 위대한 빛이 항상 우리를 비추고 있다.

나는 이 책의 제목을 '넘버원 세일즈맨의 비밀수첩'이라고 붙였다. 세일즈업계에서 40년 세월을 보내는 동안 성공이 내면으로부터 비롯된다는 깨달음을 얻었기 때문이다. 그 깨달음은 내 안의 나를 발견하여 껍질을 벗겨내는 과정이고 내가 가진 모든 것을 쏟아 부어

나약한 부분을 강화하는 과정인 동시에 어떤 상황에 놓이더라도 나는 언제나 승리할 것이라고 믿는 과정이다.

당신은 세상 사람들에게 알려져야 하는 엄청난 비밀이다. 세일즈는 세상 사람들에게 당신의 비밀을 전하는 매개체이며 당신을 세상 사람들과 소통시키고 이어주는 방식이다.

나는 '세일즈에 재능이 없다'는 생각 때문에 괴로워하곤 했다. 처음으로 넘버원 트로피를 받기 오래 전에 나는 언변이 화려하고 재기가 넘치는 세일즈왕들을 보면서 나도 그들처럼 되기를 바랐다. 그들을 그대로 따라하기 위해 거울 앞에서 수많은 시간을 보내곤 했다. 아내에게 내가 대화를 연습하는 모습을 관찰하고 고칠 점을 지적해 달라는 부탁도 했다.

그렇게 훌륭한 성과를 올리는 우수 세일즈맨이 되었지만 내 것이 아닌 듯한 어색한 무언가가 나를 계속 불안하게 했다. 나의 내면에선 종종 이런 목소리가 들려왔다. "자신의 실력만으로는 안 된다고 두려워하는 넌 가짜야. 넌 사기꾼에 불과해. 언젠간 들통 나고 말 거야."

나는 내가 일에서 얻는 기쁨이 세일즈에서 나오는 것이 아니라 다른 사람의 말을 들어주고 그에게 관심을 기울이고 그를 돌봐주고 배운 것을 공유하는 것에서 비롯된다는 것을 깨달았다. 세일즈는 이러한 것들을 경험하게 해주는 과정이었다. 이런 깨달음을 얻은 후 나의 생활과 일에 변화가 생겼다. 나는 여전히 넘버원이 되기를 바라지만 그건 남들보다 뛰어난 실적을 의미하지는 않는다. 그것은 사람들에게 자신이 관심을 받고 있고 자신의 말이 경청되고 있다는 사실을 알리는 과정이고 변화하는 그들의 삶에 내가 함께하고 있다는 사실을 알리는 과정이다.

나는 그것을 좋아하기 때문에 내가 하는 일을 사랑한다. 그것에 영감을 받고 흥분이 된다. 그것에 익숙한 나는 내 일을 하는 동안 다른 누군가인 척할 필요가 없다. 나는 내 운명을 밝히며 나다운 모습으로 살아가고 있기 때문에 성공할 수 있었다.

당신이 마이클 조던이라고 가정해보자. 당신은 농구를 사랑하고 당신 앞을 가로막는 윌트 챔벌린이나 카림 압둘 자바 같은 선수들만큼 훌륭한 기량을 발휘하길 바란다. 당신은 그들의 경기를 본 적이 있을 것이다. 하지만 그들의 대단한 플레이를 보고 있노라면 내면 깊숙한 곳에서 "넌 그들이 아니야"라는 속삭임이 들려온다.

당신의 내면 어딘가에서 공기처럼 자유로워지고 싶은 갈망이 샘솟는다. 그래서 온갖 개인기를 익히고 매 게임 최선을 다한다. 그러다 어느 순간 환골탈태하여 에어 조던이 된다. 마이클 조던은 달리지만 에어 조던은 휙휙 날아다닌다. 마이클은 점프를 하지만 에어는 솟구쳐 오른다.

에어 조던은 자유롭다. 마이클 조던이 자유를 얻은 것이다. 마이클 조던은 자신이 할 수 있는 일을 하고 할 수 있는 일을 함으로써 성공을 거둔다. 그러면 엘렌 아이버슨, 라브론 제임스, 야오 밍 같은 선수들은 조던을 보고 그를 거울삼아 영감을 얻고 하늘 너머로 자신만의 족적을 남기게 된다.

자유를 향해 비상하라

나는 당신이 상상하는 모든 것, 아니 그 이상을 이루었으면 좋겠다. 나는 최정상이 어떤 곳인지 최고가 된다는 게 어떤 것인지 잘 안다. 상상해보라. 여기 정상에 당신을 위한 공간이 있다. 나는 당신이 그 자리에 오르는 길을 찾을 수 있도록 진심으로 도울 것이다. 당신이 도중에 포기하지만 않는다면 그 자리는 당신을 맞을 준비를 하고 기다릴 것이다.

어떠한 상황에서도 절대 포기하지 말라. 후퇴하지도 말라.

이 책을 읽고 있는 당신을 직접 볼 수는 없지만 당신에게 세일즈가 언제나 즐겁기만 한 것이 아님을 잘 알고 있다. 우리는 항상 행복한 게 아니다. 웃고 있을 때조차도 말이다.

우리가 하는 일 대부분은 '마음을 전하는 일'이다. 사람들과 관계를 맺고 유지하는 일인 것이다. 사람들과 보조를 맞추어야 하는 일이기 때문에 때로는 아주 혹독한 시기를 보내기도 한다. 고객을 위해서는 강해져야 한다. 심지어 건강이 안 좋아지거나 정신적으로 약해지더라도 말이다. 우리 자신은 좌절하더라도 고객에게는 희망을 주어야 한다.

당신이 세일즈맨이라면 자신의 능력 뒤에 진짜 감정을 숨겨야 한다는 것을 잘 알고 있을 것이다. 이 책을 읽어 나가는 동안에는 가면 따위는 잠시 벗어두기로 하자. 우리가 서로에 대해 속속들이 잘 알고 있다는 사실을 잊지 말기를.

이 책을 읽고 있는 당신은 넘버원이 되는 것 따위엔 관심이 없을 수 있다. 세일즈 순위 중간대에 머무는 것만으로 만족할지 모른다. 그 이상은 상상도 안 할 수 있다. 몇 주 동안 형편없는 실적으로 지친 당신은 실망하고 좌절하여 두 손 놓은 채 한 가닥 빛줄기를 찾지 못하고 있을지도 모른다.

동기를 제공해주고 영감을 불어넣어줄 책을 써야겠다고 생각했을 때 두 가지 방안이 있었다. 첫 번째는 내 이력 중 최상의 내용만으로 당신에게 잔뜩 힘을 불어넣고 기분 좋은 느낌을 주는 것이다. 물론 그 기분은 잠시 동안이겠지만.

두 번째는 당신에게 진실을 낱낱이 밝히는 것이다. 넘버원이 된다는 것은 희생과 노력을 의미한다는 것, 정상에서 정상으로 뛰어오른

게 아니라는 것, 두 정상 사이에는 끝이 안 보이게 깊은 골짜기가 놓여 있다는 것이란 점을 말이다.

나는 두 가지 방안 중 진실 쪽을 택했다. 그 이유는 당신이 희망을 지니기를 바라기 때문이다. 소망하는 모든 것이 당신의 손이 닿는 범위 내에 놓여 있다는 사실을 알았으면 한다. 나와 당신은 그다지 다르지 않다. 우리 모두는 결점을 지닌 존재들이다. 반기는 소리보다는 '거절'의 말을 더 많이 들어왔다. 우리는 모두 도전의 시간들을 잘 견뎌왔다. 살아오면서 온갖 사건과 시련을 겪으며 다져져왔다. 우리는 마음의 생채기와 타박상을 안고 출근했다가 고객의 부름에 쏜살같이 달려 나가는 존재들이다.

우리 모두는 어떤 어려움도 이겨내야만 한다. 당신이 도중에 포기하지만 않으면 충분히 이겨낼 수 있다는 것을 보여주는 산증인이 바로 나다. 믿는 자에게 불가능은 없다는 것을 나는 알고 있다.

나는 인종차별이 심한 미국 남부의 가난한 가정에서 성장했다. 그곳의 여러 레스토랑에서 요리사와 주방보조로 일했지만 손님들이 불편해할까봐 앞문을 통해 출입할 수 없었고 카운터에 앉는 건 꿈에도 생각할 수 없었다. 10대 때 나는 흑인이 마시는 게 금지된 식수대를 청소했다.

인종차별적인 공교육 시스템하에서 고등학생인 우리들은 낡고 시대에 뒤떨어진 초등교과서를 가지고 공부했기에 나는 대학교 진학을 포기할 수밖에 없었다. 교사들은 우리에게 고등교육을 받을 수 있는 준비를 전혀 갖춰주지 않았다. 학생 대다수가 졸업 후에 농부라도 되면 다행이라는 소리를 들었고, 그 이상의 것은 기대하지도 않았다.

첫 번째 직장에서는 임금을 한 푼도 못 받았는데 사기로 빼앗긴 것이었다.

푸르덴셜 파이낸셜(Prudential Financial)은 나의 두 번째 직장이다. 자동차도 없고 집전화도 없다는 사실이 알려지자 출근 첫 주에 해고통고를 받아야 했다. 나는 상사에게 다시 한 번 기회를 달라고 간청했다. 그리고 그가 후회하지 않을 것이라고 말했는데 그 말은 진심이었다. 나는 그해의 세일즈 신인왕이 되었고 오늘날 푸르덴셜 파이낸셜 역사상 가장 성공한 에이전트가 되었다.

당신이 지금 어떤 상황에 있든 나는 당신을 만나고 싶다. 당신은 이미 성공을 거두었는가? 그렇다면 더 높이 오르는 법을 알려주겠다. 실패를 맛보았는가? 나에게는 그러한 처지가 낯설지 않다. 내가 말하고 싶은 핵심은 이것이다. 우리가 성공을 거두지 못할 이유나 처지 따위는 없다는 것이다. 당신이 이 책을 끝까지 읽고 이 말을 믿고 공감하게 된다면 나는 흡족할 것이다.

이제 1장에서 나와 당신은 다시 만나게 될 것이고 우리는 함께 앞으로 걸어갈 것이다. 함께 걸어가는 동안 당신이 유용한 기술들을 얻어 자신의 것으로 만들 수 있기를 바란다. 그리고 격려와 영감을 얻고 내면의 자아가 강해지고 회복되었으면 하는 바람이다. 스스로 자신의 위대함을 드러내고 힘을 발휘하기를 바란다. 나의 꿈은 당신이 자신에 대한 놀라운 사실을 깨달아 스스로 자유로워지는 것, 단지 그것뿐이다.

당신의 빛을
CHAPTER ONE
밝혀라

당신의 빛을
밝혀라

성공을 위한 세 가지 규칙

내 인생의 모든 순간을 지배하는 세 가지 간단한 규칙들이 있다. 나를 정의내리고 형성시켜주는 것들이다. 나는 이 규칙들이 밝혀주는 길을 따라왔다. 내 힘으로 만들어낸 모든 일상 혹은 규율이 여기에 기원을 두고 있기에 내 성공의 토대가 된다고 할 수 있다. 이 세 가지 규칙들은 다음과 같다.

내면의 빛을 밝혀라.
주변의 빛을 이용하라.
등 뒤에도 빛을 밝혀놓아라.

여기서 '빛'은 자신만이 지닌 중요성이라는 진실을 말한다. 당신이 지닌 빛은, 당신은 세상 사람들에게 소중한 존재이고 당신만의 플랜과 길이 있으며 당신에게는 성공이 예정되어 있다는 것을 알려준다. 그렇다. 당신에겐 성공의 길이 열려 있다.

우주 삼라만상에는 질서가 있다. 인간은 우연히 창조된 것이 아니다. 전지전능하고 불멸하는 하느님이 우리 모두를 목적과 생각을 갖고 만들었다. 나는 이 사실에 내 인생을 걸었다. 실제로 그래왔다.

당신은 믿을 수도 있고 믿지 않을 수도 있다. 믿고 안 믿고는 중요한 문제가 아니다. 과학은 모든 생명체가 이 세상에서 살아남는 법을 알아냈기에 생존하고 있다는 것을 말해준다. 자연에는 부정할 수 없는 질서가 있으며 살아남기에 부적합한 것들은 멸종한다.

당신이 무엇을 믿든지 간에 어떤 것이 살아 있다면 그것은 계속 성공을 거두고 있는 것이다. 우리는 인간이기에 어떻게 성공할 것인지에 관한 선택권을 지니고 있다.

당신과 나는 세일즈에서의 성공을 선택했다.

우선 당신의 용기 있는 결정을 치하하고 싶다. 당신이 세일즈맨이라는 것을 사람들에게 밝힐 때 항상 열렬한 환영을 받지는 못한다. 우리가 무슨 일을 하는 사람이라는 것이 알려지면 사람들과 대화를 이어가기가 힘들어진다는 것을 알 것이다. 사람들은 우리와 대화를 계속하면서 "정말? 무슨 상품을 파세요?" 같은 말을 하게 되면 자신도 모르게 우리의 '상술'에 말려들게 되고 우리가 그들 자녀의 대학 학자금을 들고 튄지도 모른다고들 생각한다.

대체로 사람들은 우리를 신뢰하지 못할 인간들이라고 여긴다. 세일즈맨들에 대한 부정적인 이미지는 할리우드와 미디어의 영향이 크다. 드라마나 영화 속에서 세일즈맨들은 돈 버는 일이라면 무엇이든지 하는 사람, 아무것도 모르는 사람들에게 허접한 상품을 파는 말솜씨가 능수능란한 사람들로 그려진다. 말도 빠른 데다 거짓말은 더 빨리하는 사람이 세일즈맨인 것이다. 악수를 하면서 상대를 땅바닥에 패대기치는 사람들로 인식되는 것이다.

분명 그러한 세일즈맨의 모습이 어느 정도는 사실이라고 생각한다. 하지만 그런 사람들은 신뢰와 명성으로 버티는 직업에서는 오래가지 못한다. 고객들은 그렇게 무딘 사람들이 아니다. 우리가 주고받는 커뮤니케이션의 70%는 비언어적이다. 보통 수준의 사기꾼은 대개 평균적인 지능의 소유자에게 얼마 안 가 발각되고 만다.

성공을 위해 빛을 관리하라

우리가 하는 일은 고귀한 일이며 이 분야의 최고수들과 오래도록 경력을 쌓아온 사람들은 내가 아는 가장 멋진 분들이다. 우리는 우리가 세일즈하는 상품들이 다른 사람들의 삶에 가치를 더해준다고 믿고 있다. 생명보험과 재무 관련 상품과 서비스를 세일즈하는 나는 너무나 많은 사람들의 인생이 내가 하는 일에 영향을 받는 것을 보아왔기에 달리 생각할 수가 없다.

한 심리학자가 밝혀낸 바에 의하면 평범한 사람은 시간의 94%를 자신에 대해 생각하는 데 할애한다고 한다. 평범한 세일즈맨이 그 정도로 자신에 대해 생각한다면, 즉 타인의 니즈에 자신의 관심을 6%만 기울인다면 그는 이 분야에서 오래 몸담지 못할 것이다.

세일즈 분야에서 40년이란 세월을 보내다 보니 세계 전 지역 안 다녀본 데가 없다. 아시아, 유럽, 아프리카 심지어 저 아래지역 호주와 뉴질랜드의 세일즈 전문가들을 만나고 멘토링하고 그들과 친구도 되었다. 언어와 문화적 차이, 비즈니스 관행의 다양성은 존재하지만 지역과 인종을 넘어 그들 모두는 자신의 일을 명예롭게 여겼다. 그들을 만난 건 나에게 큰 영광이다.

훌륭한 세일즈맨들은 언제나 남들에게 베풀어준다. 세일즈를 하고 있지 않을 때도 우리는 타인에게 가르침을 주고 관심을 기울인다. 우리가 하는 일 때문에 우리는 훌륭한 남편, 훌륭한 아내가 된다. 자주 스스로를 격려해야만 하기 때문에 우리는 남을 격려하는 일에도 자연스럽다.

우리라고 완벽한 사람인 것은 아니다. 때로는 경쟁적이고 이기적이며 충동적이다. 우리 아이들은 우리를 더 자주 보고 싶어 한다.(우리 역시 우리 아이들을 더 자주 보고 싶어 한다는 사실을 아이들이 알아주면 좋겠다.) 우리는 높은 실적을 올릴 때도 있고 바닥을 칠 때도 있다. 우리 일은 앞으로 어떻게 될지 한 치 앞을 내다보기 힘들다.

이런 어려움(하지만 아주 인간적인)에도 불구하고 나는 이러한 우리와 우리가 하는 일에 자부심을 지닌다. 비즈니스맨, 사업가, 공무원, 설교가, 정치인을 한데 엮어놓은 것과 같은 우리는 세일즈할 것이 없더라도 사람들에게 필요한 무언가를 계속 줄 수 있다. 우리에게는 빛이 있다.

나는 내 인생의 황금기를, 우리가 하는 일(자신이 세일즈하는 상품의 가치를 믿는다고 가정할 때)에서 최고가 되기 위한 열쇠는 자신의 빛을 어떻게 관리하느냐에 전적으로 달려 있다는 사실을 발견하는 데 쏟아 부었다.

그 빛이 무언지와 어떤 역할을 하는지에 대해 잠시 생각해보자. 램프 혹은 플래시를 떠올리지 말라. 그건 빛을 하나의 장치라고 여기는 것이다. 빛을 생각하라. 빛은 어떤 역할을 하는가? 빛의 핵심은 무엇인가?

방 안에 들어설 때 빛이 있다는 사실을 어떻게 아는가? 방 안이 잘 보이기 때문임을 알 것이다. 더 많은 빛이 있을수록 방 안은 더 잘 보이게 된다.

자, 이제 당신이 지닌 빛에 대해 생각해보자. 당신의 내면에 빛이 켜져 있다면 사람들은 당신이 누구인지를 볼 수 있을 것이다. 당신은 정체를 숨기고 있지 않기에 사람들은 당신을 신뢰할 수 있을 것이다.

나는 영감을 받았기 때문에 내 안에 불이 켜져 있다는 것을 안다. 나는 내가 성공을 거두게 되어 있다는 사실을 알고 받아들일 수 있다. 그 사실이 내게 기쁨을 주고 그 기쁨은 내가 만나는 모든 사람들의 눈에도 보인다.

당신은 '밝은' 사람들을 만나봤을 것이다. 그들을 바라보는 것만으로도 편안함을 느낄 수 있다. 그들은 스스로 만족하기 때문에 항상 타인에게 빛을 쏟아낸다. 약점이나 인간성에 대한 부끄러움이 없기에 그들은 모르는 것, 할 수 없는 일을 솔직하게 말하고 당당히 도움을 요청한다.

당신 주위의 빛을 활용하는 것은 현명한 처사이다. 현명함은 존재하지 않는 것을 보려고 하거나 존재하는 것을 무시하는 것이 아니다. 세일즈맨은 기회를 찾는 사람들이다. 우리는 열린 문을 찾아 그 안으로 걸어 들어가야 한다.

우리에게 개방되지 않는 길을 고집하거나 결과가 노력에 상응할 것 같지 않는다는 이유로 가야 할 길을 거부한다면 우리는 주위의 빛을 이용하기를 거부하는 것이다. 보잘것없는 세일즈란 있을 수 없으며 시간을 투자할 가치가 없는 고객 역시 있을 수 없다.

끝으로 우리는 우리를 따르는 사람들에게 져야 할 책임이 있다. 우리가 지나온 길 뒤에 불을 밝혀두는 것은 앞서간 선배들에게 진 빚을 되갚는 것이다.

우리의 일은 나눔과 아량의 비즈니스다. 우리가 되돌려주지 않으면 배움을 헛되이 하는 것이다. 사람들을 어둠 속에 방치해두는 것이다.

내면의 빛을 밝혀라. 주위의 빛을 활용하라. 등 뒤에도 빛을 밝혀라. 항상 우리는 이들 중 한 방식으로 빛을 관리하고 있다. 실제로 우리는 어떻게 빛을 관리하고 있는 걸까? 우리 모두가 빛을 지니고 있다면 왜 어떤 이들은 성공하고 다른 이들은 아등바등하며 어려움을 거듭하는 걸까? 우리는 어떻게 매일 빛을 관리할 수 있을까?

열정과 이상으로 터득하라

상품을 팔면 팔수록 진정으로 세일즈 기술을 알려줄 수 있는 사람은 드물다는 사실을 점점 더 깨닫는다. 나는 세일즈 분야 전문가들을 멘토링하는 일에 상당한 시간을 보낸다. 그들이 읽고 듣는 자료들을 보면 대부분이 내가 20~30년 전에 읽거나 들었던 내용들이다.

많은 내용들이 세일즈맨으로 하여금 대본 연습을 하거나 일종의 주문들을 암기하게끔 한다. 물론 실용적인 수단들도 있다. 하지만 현장에서 시간을 많이 보내지 않는 사람들이 사무실에서 적은 내용들이다. 감동적이고 뜻이 통하는 내용들이지만 고객이 예정된 시나리오에 없는 니즈를 지닐 경우엔 설령 불가능하진 않다손 치더라도 실행에 옮기기가 매우 힘들 수 있다.

나는 성공을 거두고 아직 현역에서 뛰고 있는 세일즈맨으로서 현업에 종사하고 있는 동료 세일즈맨들이 성공의 불씨를 지피고 유지해나가는 데 도움을 주고자 이 책을 저술하게 되었다. 이 책을 통해 앞서 말한 세 가지 규칙들의 실제 운용방법을 터득할 수 있다.

이제 생산성이 가장 높은 에이전트이자 수익성이 좋은 사업체를 운영하는 기업가로서 내 경험의 결과물들을 풀어놓을 것이다. 나는 오랫동안 세일즈 전문가들의 코치와 멘토링을 맡아왔다. 이 책에 나오는 내용들이 내가 가르치는 것들이다. 내가 얻은 깨우침을 글로 옮기기란 여간 어려운 일이 아니다. 내가 지금 하고 있는 이 작업이 진정 당신의 생산성 향상에 도움이 될까? 그 점에 대해 장담할 수는 없지만 두 가지 사실은 분명히 말할 수 있다.

1. 내가 코치한 80%의 사람들은 최고연봉자가 되었다.
2. 나는 내 사업에 20%의 시간을 할애하고 80%를 멘토링에 집중해도 상위 에이전트 1% 중 위에서 16번째 순위에 남아 있다.

나의 목표는 내가 거둔 성공에 가장 큰 역할을 했다고 보는 훈련들을 언어로 옮기는 것이다. 이 비결들을 모두 합치면 21가지가 된다. 너무 오랜 시간 동안 실천해와서 지금은 거의 무의식적으로 행하고 있지만 이들을 언어로 옮기는 작업은 이따금 예전보다 더 나 자신을 의식하게끔 한다. 이 책이 형체를 갖추게 되고 나만의 스킬들이 구체화되면서 즐거움을 느낄 수 있었다. 그 점에서 당신에게 감사하다.

우리 대다수는 몇 시간이고 앉아서 책을 읽을 시간이 없다. 이 챕터와 앞선 챕터의 내용들은 이 책에서 가장 긴 분량을 차지한다. 이제부터 정보를 찾기보다는 당신만의 열정과 이상이라는 렌즈를 통해 깨닫는 것이 목표다.

단순히 배우는 것보다는 터득하는 공부가 낫다는 말이 있다. 달리 표현하자면 단지 책을 읽어 알아낸 내용보다는 어떤 것을 직접 경험했을 때 가장 잘 배운다는 말이다. 진리라고 생각한다.

내가 매일 행하는 실천들은 나의 경험, 이해, 한계를 통해 걸러내고 시행착오 과정을 통해 터득한 것이다. 일상의 행동으로 통합시키기 전에 내가 지닌 꿈의 형태에 적합하게 재단하는 선행과정을 거쳐야 했다.

급하게 배우는 것은 우리를 조금도 변화시키지 못한다. 음식이나 음료수처럼 섭취할 것을 취사선택하는 과정, 즉 우선 맛을 본 다음 삼켜서 소화시키고 최종적으로 활용하지 않거나 활용 불가능한 것은 제거해버리는 과정이 필요한 것이다.

네 가지 실천 원리와 31일간의 통찰 일기

다음 챕터에서 소개될 성공의 21가지 비밀들은 뼛속 깊이 섭취된 다음 완전히 이해하게 될 때까지 몸소 실천해야 하는 것들이다. 그러기 위해서 각각에 자신의 생각을 네 파트로 나누어서 정리하고 실천하기 쉽게 여백을 마련했다.

1. 통찰^(Insight)

2. 상상^(Imagination)

3. 점검^(Investigation)

4. 시작^(Initiation)

각 파트를 통해 당신은 실천 원리를 눈으로 훑고 지나가는 것이 아니라 실천하게 됨으로써 자신의 내적 변화를 이끌 수 있다.

통찰은 당신이 읽은 내용을 평가하여 자신에게 이치가 닿는 언어로 재구성하도록 한다.

상상은 꿈꾸는 기회이다. 한편으로는 이상을 바라보고 이상이 나를 지지해왔다는 것을 아는 것이다. 다른 한편으로는 자신의 인생에서 그것이 작동되는 것을 보는 것이다.

당신의 생활을 떠올려보라. 당신이 읽어온 내용이 제공해주는 가능성은 무엇인가? 이 특별한 일상 혹은 의례가 당신의 현 처지와 경험을 고려할 때 삶 속에서 어떤 식으로 펼쳐질 수 있을까? 이 규율을 행동에 옮김으로써 당신의 삶이 어떤 모습을 띠게 될지를 상상해보라. 머릿속에 떠오르는 모든 시나리오를 글로 적어보자.

점검은 배운 내용을 실행에 옮기는 데 방해가 되는 요소들을 식별해내는 데 필요하다. 이 훈련을 구체화하는 데 방해가 되는 것으로는 무엇이 있을까? 여기서는 다른 어떤 파트에서보다 철저하고 정직해야 한다. 자아 찾기에 나서라. 필요하다면 신뢰할 만한 누군가에게 도움을 얻어도 좋다.

시작은 목표들을 설정하고 행동단계들을 형성하도록 해준다. 목표들은 어디로 향해 가고 있는지를 알려주고 행동단계들은 당신이 어떻게 성공할 것인지를 알려준다. 점검에서 적어둔 것을 보라. 적어둔 방해물들 중에 하나 이상을 끄집어내서 극복할 수 있는 목표를 정하라. 그런 다음 당신이 그러한 목표들에 도달하기 위한 삶의 의식들을 하나 이상 창조하라. 마지막으로 방해물을 제거하거나 약화시키기 위해 오늘 무엇을 할 수 있고 변화시킬 수 있는가를 생각하라.

변화는 그렇게 간단하지가 않아 가치들을 실행에 옮기는 척해서는 달성되지 않는다. 당신에게 제공되는 모든 지혜를 통해 삶을 진정 있는 그대로 바라볼 수 있는 기회를 모조리 이용하라. 불편한 부분이라고 건너뛰지 말라. 최선을 다해 이를 실천한다면 최상의 결과를 얻게 될 것이다.

마지막 챕터는 31일 동안의 일기를 포함하고 있다. 한 달 동안 매일 당신의 생각들을 적어두기 위함이다. 세일즈 영역에 초점을 맞추기 위해 나의 생각과 반성도 적어두었다.

이제 나와 함께 계속 책을 읽어 나갈지를 결정할 시간이 왔다. 넘버원 세일즈맨이 되는 법에 관한 책을 읽으면서 구경꾼으로 남을 수도 있다. 이는 편하고 안전한 자리이긴 하다. 하지만 내게 더 좋은 생각이 있다. 아예 넘버원이 되는 건 어떤가? 지금 당신이 어느 위치에 있는지를 생각해보라. 앞으로 다가올 몇 년 동안 무엇을 성취하기를 희망하는가? 그것을 이룰 수 없다고 생각하는가?

물론 이 과정이 편하고 안전하지는 않으리라는 것은 인정한다. 한계를 뛰어넘는 것은 좀처럼 쉽사리 일어나는 일이 아니다. 방관자로서의 삶은 아무런 비용이 들지 않는다. 하지만 추구하는 삶은 용기와 희생을 필요로 한다.

체코공화국 대통령이자 저술가인 바츨라프 하벨은 이렇게 말했다. "비전만으로 충분치 않아요. 비전은 모험과 결합되어야만 합니다. 계단을 올려다보는 것만으로는 충분치 않아요. 직접 계단을 밟고 올라가야 합니다."

당신에게 한 가지 바라는 것이 있다면 정상을 바라보고 밀고 나가라는 것이다. 자, 용감하게 계단을 올라가서 새로운 삶의 여정을 떠나보자.

넘버원 세일즈맨의

CHAPTER TWO

21가지 비밀

내면의
빛을 밝혀라

1

길게 심호흡을 해보자. 공기가 허파 속으로 들어가서 몸속 구석구석
을 통과하여 세포 하나하나마다 산소를 공급해준다. 이제 숨을 내뱉
으라. 세포가 필요로 하지 않는 온갖 노폐물들이 당신의 몸에서 빠
져나간다.

　내면의 빛을 밝히는 것은 고무된 상태를 유지하는 것 (staying inspired) 이
다. 'inspire'라는 단어는 말 그대로 '바람 속 (inside wind!)'를 뜻한다. 진
실을 빨아들이고 진실이 우리를 먹여 살리게 한 다음 우리를 짓누
르고 발전을 저해하는 모든 거짓들을 내보낼 때 그 순간들은 활력
으로 변모하게 된다.

　자기암시적인 긍정의 문구들을 연습하는 것을 말하는 게 아니다.

긍정적 사고를 하는 것은 진실을 아는 것과는 차원이 다른 문제이다. 자기긍정의 말은 훌륭한 삶의 가치를 단언한다. 반면 진실은 내키지 않을 때조차도 훌륭한 삶을 영위할 힘을 제공해준다.

SECRET 1.   매 게임이 모두 중요하다
SECRET 2.   시작이 반이다
SECRET 3.   배고픔과 배부름
SECRET 4.   한계는 잠시 쉬어가는 정거장이다
SECRET 5.   이기는 습관을 리허설하라
SECRET 6.   오늘 하루에 집중하라
SECRET 7.   눈에 보이지 않는다고 불가능한 것은 아니다

SECRET 1

매 게임이 모두 중요하다

통찰

나는 항상 새해를 최고의 자리에서 한 해를 마무리할 것을 진지하게 다짐하는 시간을 갖는 것으로 시작한다.

챔피언타이틀은 시즌 마지막 날에 수여되는 게 아니라 일 년 동안 내내 주어지는 것이다. 파이널 게임을 치르려면 우선 플레이오프에 진출해야만 한다. 하지만 플레이오프는 정규시즌 동안 승리를 거두지 않는 팀에게는 한낱 일장춘몽에 지나지 않는다.

가슴을 졸이며 한 해의 마지막까지 지켜보는 사람들은 팬들이다. 그들은 실제로 경기에서 뛰지는 않는다. 시합에서 주도적인 역할을 담당하지 않아도 누구보다 열렬한 관심을 갖고 경기를 지켜보

상상

는 관중들이다. 설령 필드에서 팬 한 명이 선수들 사이에 섞여 있더라도 그와 선수들을 구별하기란 식은 죽 먹기다. 팬들은 승패가 갈리는 일촉즉발의 상황이 눈앞에 벌어지더라도 그저 수수방관할 뿐이지만 선수들은 그러한 상황을 주도적으로 조성하기 때문이다.

이력에 변화를 주고 싶어서 나는 시카고에서 캘리포니아 남부로 이사를 했다. 이 결정은 처음에는 탁월한 선택인 것만 같았다. 그러던 어느 날 나에게 익숙한 모든 것들을 두고 떠나왔다는 생각이 퍼뜩 떠올랐다. 시카고에서의 나는 어느 정도 성공을 누리고 있었지만 캘리포니아에서는 아는 사람이 단 한 명도 없었다. 거의 모든 일을 새로 시작하고 있었다.

나는 잔뜩 두려움에 사로잡힌 채 사무실로 첫 출근을 했다. 새 매니저가 일할 준비가 되었는지를 물어왔을 때 기껏 한 대답이라곤 "두렵습니다"라는 말뿐이었다. 짐짓 괜찮은 척 허세를 부릴 여유조차도 없었던 것이다. 실질적인 업무 지시는 그다지 많지 않았지만 그가 해준 말은 나에게 꼭 필요한 것이었다. "괜찮을 거야. 그저 자네 일이나 하게."

멀뚱히 자리를 지키고 있는데 사무실 보조가 누구 전화 응대할 수 있는 사람이 있는지를 물어왔다. 한 지방대학이 막 폐교를 하려던 참이었는데 대학직원들이 자신들의 보험정책에 대해 전문가와의 상담을 원하고 있었다. 그것은 전혀 새로운 사업이었기에 아무도 자기 시간을 할애하려고 들지 않았다.

매니저의 말이 머릿속을 맴돌았다. 자신의 일을 하라. 내 일은 사람들을 신경 쓰는 일이지 나에게 호의를 베푸는 게 아니었다. 나는 수화기를 집어 들고 내

시작

일을 하기 위해 고객과의 약속시간을 정했다.

대학직원들 모두 재보험을 들 능력은 안 되었지만 그렇게 하는 것이 그들에게 이익이 된다는 것이 밝혀졌다. 나는 사무실의 어느 누구보다도 먼저 출근했고 첫 주를 깔끔히 마무리했다. 우리에게 중요하지 않은 전화란 없다. 고객이 존중받으면 결과는 저절로 따라온다.

바로 지금이 열심히 일할 때이다. 바로 이 순간이야말로 찬란히 빛날 때인 것이다. 내일은 오늘의 당신이 만들어가는 것이다.

SECRET 2

시작이 반이다

세일즈 분야에는 발끝으로 살금살금 걸어 들어올 수는 없다. 일단 들어오더라도 자신의 한계를 뛰어넘기보다는 욕구만 충족하려 들거나 놀러갈 생각만 한다면 그리 오래 버티지 못할 것이다. 매일같이 위대한 세일즈맨이 될 필요까진 없지만 그렇게 되고 싶은 마음은 지니고 있어야 한다. 최고가 되기 위해 다른 사람들을 밟고 일어설 필요까진 없지만 이 바닥이 어정쩡한 경쟁자가 발 붙일 구석이 없는 곳이긴 하다.

이왕 들어오려면 아예 몸을 푹 담가라. 충분히 최고가 될 역량을 지녔는데도 적당히 우수한 것은 우수한 게 아니다. 당신의 노고는 하기로 결심했거나

상상

스스로 짠 계획표상의 모든 일을 다했을 때가 아니라 자신에게 가능한 모든 것을 다했을 때만 최고의 작황을 기록하게 된다.

노력을 어느 정도나 쏟아 부어야 할지를 결정하는 데 있어 다른 사람들의 기대치를 참고하고픈 유혹이 있을 수 있다. 달리 말해 주위 대부분의 사람들보다 조금 더 낫다고 생각하고 만족한다면 그 이상으로는 자신을 채찍질할 이유가 없다. 하지만 당신이 그보다 훨씬 더 발전 가능한 사람이라면?

당신은 눈앞의 업무에 자신이 지닌 에너지와 열정, 영혼, 마음을 단지 일부만 쏟으면서 스스로에게는 친절을 베풀지 않는다. "이런 일은 눈감고도 할 수 있어"라는 태도에는 일종의 우월감이 들어 있다. 특히 주위 사람들이 당신에게는 식은 죽 먹기에 불과한 일을 땀을 뻘 뻘 흘리며 고군분투하는 모습을 볼 때면 말이다. 하지만 그 느낌은 결코 오래 가지 않는다.

자신이 지닌 능력 이하의 성과만 올리는 것은 도끼의 날을 한 번도 갈지 않고 계속 사용하는 것과 같다. 시간이 흐르면 날은 무뎌지지만 반면에 나무들은 점점 더 단단해져서 베어내기 힘들어질 것이다. 마침내 나무가 나무꾼을 이기는 순간이 온다. 조금만 힘을 써도 나무꾼은 탈진상태가 되고 마는 것이다.

전념은 이겨내야 할 첫 번째 전투이고 여타의 모든 전투들이 벌어지게 될 토대가 된다. 당신의 소망은 강력해야만 하고 당신의 일은 끊임없이 자신의 한계를 시험한 다음 능가하도록 해야 한다. 그렇지 못하면 당신의 질주는 빈혈을 일으킬 것이고 결과는 실현 불가능한 가능성에 머무르고 만다.

점검

시작

당신의 몸과 마음, 정신의 어느 하나도 아끼지 않을 때 전 우주가 당신을 지지하는 방향으로 움직인다는 것을 알게 될 것이다. 사람들이 당신의 노력을 보게 되고 그에 응답해줄 것이다. 나태하지 않기에 인생의 행로가 더 또렷해질 것이다. 언제나 찾고 있기에 기회들이 눈앞에 보일 것이다.

완전히 매진하라, 서서히 향상하라. 그리고 누릴 수밖에 없는 성공을 손에 거머쥐어라.

SECRET 3

배고픔과 배부름

셰익스피어의 비극《줄리어스 시저》에서 시저는 이렇게 말했다. "내 주변에 살찐 사람들이 모이게 하시오. 저편에 있는 카시우스는 야위고 배고픈 표정을 하고 있어요. 그는 지나치게 생각이 많고 생각이 많은 사람은 위험해요."

당신도 그런 '위험천만한' 사람인가? 당신의 배고픔이 주위 사람들의 눈에 보이는가? 당신의 표정이 경쟁자를 긴장시키는가? 당신이 현재에 만족하지 못하고 발전하기 위해 끊임없이 새로운 방책들을 고안하고 있다는 것을 고객들이 아는가?

여기서 의미하는 배고픔은 영혼이 마음과 육체를 하나의 통합된 행동으로 강

제하기를 희망하는 것을 말한다. 허기가 진다는 것은 우리가 활용 가능한 모든 에너지 자원들을 소비하고 있고 적당한 노력을 경주하고 있으며 현재의 처지에서 배우고 더 성장할 준비를 하고 있다는 시그널에 다름 아니다.

올바른 배고픔은 우리의 전문지식과 유능함, 시간 그리고 기회를 철저하고 미덥게 소비하는 것에서 나온다. 이는 다음 단계로 도약할 준비가 되었다는 증거이다.

배고픔과 굶주림을 혼동해서는 안 된다. 배고픔은 우리가 가진 것을 모두 소진해버렸을 때 오지만 갖고 있지 않은 것에 초점이 맞춰질 때 우리는 굶주리게 된다. 굶주림은 오늘을 넘어 미래에 대한 희망을 품을 수 없다. 단지 생존만 꿈꿀 수 있다.

영양학자들과 스포츠트레이너들의 말

에 의하면 건강한 사람들은 섭취한 모든 음식물들을 몸속에서 효율적으로 소비할 수 있도록 스스로를 단련시킨다고 한다. 하루 종일 허기지다는 것은 당신이 똑바로 잘하고 있음을 나타내주는 최상의 지표라고 한다. 또한 먹는 행위, 즉 배고픔을 채워주는 것은 신체적 자아를 최상의 업무수행상태로 유지시키는 가장 좋은 방법이라고 한다. 배고픈 상태를 유지하라. 그리고 배부른 상태를 유지하라.

이러한 원리는 우리의 직장생활에도 적용 가능하다. 더 많은 것에 대한 갈망이(배고픔) 더 많은 것을 배우고 기술을 보다 더 연마하도록 내몰 때(배부름) 우리는 일을 더 잘하게 된다. 계속해서 그 수준으로 실행해 나가게 되면 우리는 더 크고 더 뛰어난 도전들을 열망하게 되고 (배고픔) 그러한 열망이 더 높은 수준의

점검

시작

숙련도를 달성하게끔 스스로를 내몰게 된다.(배부름)

배부를 때는 배고프게 만드는 일을 하라. 배고플 때는 배고픔을 채워줄 일을 하라. 그 두 가지 일에 뛰어나게 되는 것을 제외하고는 당신이 할 수 있는 다른 일은 없다.

SECRET 4

한계는 잠시 쉬어가는 정거장이다

우리는 한계를 알고 있고 한계는 우리의 실행력을 가로막는다.

삶에서 가장 배우기 힘든 교훈에는 다음과 같은 것이 있다. 경계가 움직임을 한정한다. 하지만 당신이 허락하지 않는 한 경계는 움직임을 지휘할 수 없다.

서커스단의 코끼리는 어릴 때부터 움직임을 제한하는 로프에 묶여 있다. 밧줄이 허락하는 경계 밖으로 더 이상 나갈 수 없다는 사실을 코끼리가 배우고 나면 조련사는 로프를 제거할 것이다. 원하는 곳으로 갈 수 있게 되었음에도 코끼리는 더 이상 나아갈 수 없었던 과거의 경험에 비추어 아예 바깥으로는 나갈 생각도 않는다. 코끼리에게 부과된

상상

한계가 이제는 코끼리의 행동을 지휘하는 것이다.

당신은 어떠한가?

당신은 목표를 설정하고 있는가, 아니면 한계가 당신을 지휘하도록 내버려 두고 있는가?

그 차이를 아는 손쉬운 방법이 있다. 목표는 설정하는 것이고 한계는 보는 것이다. 목표는 앞으로 나아가게 하지만 한계는 멈출 곳을 보여준다.

목표는 궁극적 도착점에 도달하기 위한 수단이다. 스스로 펼쳐놓은 길 위에 목표들을 세워둔다. 그 목표들이 무엇이며 어떤 식으로 당신의 플랜에 끼워 넣을지를 스스로 결정한다. 한계는 일종의 담장이다. 어떤 지점을 넘어서지 못하도록 움직임을 방해하거나 좌절시킨다. 내가 7번이나 넘버원이 되었음에도 아직도 끊임없이 경쟁하는 이유를 사람들은 내게 물어본다. "만족하지 않습니까?"
가 그들의 공통적인 질문내용이다.

이에 대한 대답은 간결하다. 나는 만족을 얻기 위해 매년 넘버원을 목표로 삼는 것이 아니다. 내가 만족하고 있기 때문에 넘버원이 되는 것이다. 그리고 만족하고 있기에 앞으로 무엇을 할지, 어디로 가야 할지, 언제 멈출지 혹은 멈춰야 할지를 내가 직접 결정하는 것이다.

점검

한계는 이미 이뤄진 것만을 말해줄 수 있을 뿐이다. 그것은 중요하지만 상상 불가한 것들을 꿈꾸기 위해서는 우리는 기꺼이 한계를 목표들로 전환시켜야만 한다.

우리는 한계를 어떤 종착점이 아니라 다른 곳에 이르기 위해 잠시 거쳐 가는 장소에 불과하다고 받아들여야 한다. 한계가 우리에게 말을 걸도록 하라. 우리

시작

의 미래를 위해서.

나는 딱 한 번 세일즈를 접었다. 왜냐하면 내 연배의 사람들이 그렇게 한다고 들었기 때문이다. 여전히 일에서 즐거움을 찾고 있다는 건 중요하지 않았다. 정상에 섰을 때 그만두는 것이 도리에 맞는 것 같아 그렇게 했다. 그러한 시각이 한계였고 나는 이를 수용했다. 전폭적으로 말이다.

나는 딱 이틀간을 은퇴상태로 보냈다. 넘버원으로 살 수 있는 나날들이 여전히 남아 있었다. 한계는 합리적인 사람들을 넘어설 수 없다. 한계는 신념이 이끄는 곳에 이르지 못한다. 한계가 나의 움직임을 지배하지 못하는 이유가 바로 그것이다.

한계가 당신을 지배하도록 내버려두지 말라.

SECRET 5

이기는 습관을 리허설하라

통찰

슬럼프에서 탈출하고 싶다면 슬럼프 자체에 집착하지 말라. 좌절은 당신의 것이다. 그렇다고 당신 자체가 실패한 인생은 아니다.

오래전에 연이은 자동차사고로 고생하다 일선에 복귀하니 매출이 곤두박질 쳤다. 몸 여기저기 성한 데가 없었고 정신적으로는 집중력을 유지하기가 어려웠다. 감정적으로도 피폐한 상태였다.

결국 나는 매출 부진으로 경고를 받았다. 내 매니저는 내가 이 일과는 인연이 없나 보다고 결론지었다. 그는 내가 일을 그만두면 좋겠다고 말했다. 일을 관두고 단순한 모집업무나 하면서 인생을 마무리하는 게 어떠냐고도 했다.

내 기분은 의기소침 그 이상이었다.

상상

거의 쓰러지기 일보 직전이었다. 내 빛은 거의 꺼질 듯 말 듯 잦아들고 있었다. 주변의 모든 사물들이 내가 아무짝에도 쓸모없는 인간이라고 말해주는 듯했고 나는 그것을 믿기 시작했다.

마침내 나는 아내에게 일이 어떻게 돌아가고 있는지와 내 기분이 어떠한지를 털어놓았다. 아내에게서 약간의 동정을 기대하고 있었던 것 같다. 그러나 아내는 이 문제가 자신이 개입하여 토론하거나 문제를 삼을 일이 아니라는 표정을 지으며 잠자코 듣고만 있었다.

그러다가 "여보, 그 남자는 당신을 잘 모르고 있어요"라고 한마디했다.

누군가 문을 열어젖혀 상쾌한 바람이 들어오게 한 것만 같았다. 그 순간 나는 깨달았다. 내가 너무나 많은 거짓들을 호흡하고 있었음을. 더 이상 진실이라곤 아는 게 없었다. 하지만 아내의 두 눈은 나를 전부 이해한다고 말하고 있었다.

내가 질문을 던질 때까지 기다리지 않고 아내는 이렇게 말했다. "당신은 내가 결혼한 사람이에요. 하던 일에 집중하세요. 잘나갈 때 했던 것들을 다시 연습하세요."

아내는 조용한 성격이었지만 그렇다고 소극적이지는 않았다. 아내는 말을 많이 하는 편은 아니었지만 깊고 푸르른 바다와 같았다. 게다가 아내는 인생의 메마른 시기마다 나에게 선물을 하나씩 주었다.

진실은 항상 또렷하게 보이지 않지만 실재하고 있다. 진실은 언제나 사실과 일치하지는 않지만 진실에 바탕을 두어야 한다. 아내는 그날 이후로 항상 내 마음에 두게 된 몇 가지 진실을 가르쳐주었다.

슬럼프에 빠지거나 메마른 시즌이 닥

점검

_____

_____

_____

_____

_____

_____

_____

_____

_____

_____

_____

_____

_____

치기 전에는 무슨 일을 하고 있었던가? 한 번 성과를 올린 사람은 또다시 성과를 올릴 수 있음을 상기하라. 지난 번 성과를 올리기 위해 했던 일들을 그대로 하라. 사무실 출퇴근 시간을 지키고 전화통화도 같은 수만큼 하라. 그때 입었던 정장을 입고 그때 먹었던 아침식사 메뉴를 주문하라. 신문을 구독하고 있었다면 다시 신청하여 읽어라. 넘어지기 전에 했던 일이 기억나지 않으면 다른 사람들에게 물어서라도 당신이 했던 방식 그대로 반복하라. 이기는 습관을 리허설하라. 스스로 이기는 분위기를 창출하라.

당신이 어디에 서 있건 이것만은 꼭 기억하라. 비틀거린다고 넘어지지는 않는다. 넘어진다고 실패하는 것은 아니다. 실패가 인생의 끝은 아니다.

구멍에서 빠져나오려면 얼마간의 시

간이 걸릴 수도 있다. 하지만 당신이 선택하지 않는 한 그곳이 당신이 영원히 설 자리가 되지는 않을 것이다.

통찰

SECRET 6

오늘 하루에 집중하라

통찰

　이미 지나온 길을 되돌아보고 달릴 때 넘어지지 않고 꽤 빨리 달리거나 꽤 멀리 갈 수는 있다. 하지만 뒤돌아볼 때에는 충분히 힘을 낼 수가 없다. 앞을 바라보면서 지난 과거를 기억하며 달릴 때라야 힘을 충분히 발휘할 수 있다.

　형편없었던 한 주를 보내고 나면 어떻게 하는가? 수의처럼 다음주까지 그 기분을 걸치고서는 실패의 경험이 당신을 이 모양 이 꼴로 만들었다고 세상천지에 알리는가?

　모든 하루는 24시간으로 이루어져 있다. 의기소침, 분노와 자기연민은 그 시간을 무한정 연장시켜 다음에 오는 새로운 나날들까지 침범할 수 있다.

초창기 내 고객들이 보험계약을 실효시키기 시작했을 때 무척 실망했던 일이 기억난다. 말도 없이 그들은 보험료 납부를 중단했고 내 전화를 받으려고 하지 않았다.

나는 고객들에게 배신감을 느꼈고 무척 화가 났다. 새로운 계약 건을 찾기보다는 놓쳐버린 계약들 때문에 가슴이 찢어질 듯한 슬픔에 잠겨서 위험한 자기연민에 마냥 빠져 있도록 스스로를 방치했다. 올빼미생활을 했고 때론 아침이 되어도 침대에서 나오는 것조차 싫었다.

내 사수인 브론손이 어느 날 전화를 걸어 안부를 물어왔다. (분명 아내가 귀띔을 주었을 것이다.)

"몸이 안 좋습니다." 나는 이렇게 말했다.

"이불을 걷어차고 일어나게, 친구." 브론손은 내 말을 못 들은 것처럼 말했다.

상상

점검

나는 주저리주저리 변명거리들을 늘어놓았지만 그는 내 마음속을 꿰뚫어보았다. "알았어. 내가 그쪽으로 가는 길이니까 정말 그렇게 아프면 병원에 데려다 주든가 공동묘지로 데려다 주겠네. 그러니 침대에서는 빠져 나오게나."

다 큰 어른이 침대 밖으로 질질 끌려나온다는 건 여간 곤혹스러운 광경이 아닐 수 없었기에 나는 벌떡 일어나서 옷을 챙겨 입고 영업을 하러 밖으로 나갔다. 그날 저녁 나는 6건의 계약을 성사시켰다.

어제는 이미 끝난 시간이다. 실적이 신통치 않은 날이었더라도 다시금 곱씹어 되살리거나 내일까지 영향을 미치게끔 하지 말라. 실적이 좋았던 날에 했던 일을 하라. 달성하지 못한 일을 벌충해야 한다는 거짓말을 스스로에게 늘어놓지 말라. 오늘은 새로운 날이다. 어제와

다르게 맞아라. 오늘을 당신이 원하는 모습으로 만들어라.

　당신의 기분상태와 당신이 어떤 사람인지는 완전히 별개의 문제이다. 언짢은 기분으로 하루 온종일을 보내는 것은 찡찡대는 세 살 먹은 아이와 차 속에 함께 있는 것과 같다. 아이의 말을 들어주는 것은 좋지만 아이가 운전대를 잡게 해서는 안 된다.

시작

SECRET 7

보이지 않는다고 불가능한 것은 아니다

통찰

상상

당신은 어둠 속에서 무슨 일을 하는가?

눈앞이 보이지 않을 때 어느 쪽으로 가는가? 길에 빛이 하나도 없을 때 어느 방향으로 발걸음을 떼어놓는가? 상상력이 작동하지 않을 때 무엇을 꿈꾸는가? 실망감이 폭포처럼 쏟아져 내릴 때 어떻게 희망을 품는가?

우리는 어떤 식으로든 노력 없이 주어지는 기회들에 익숙하다. 숨어 있는 것처럼 보이는 기회는 좀처럼 잡으려 하지 않는다. 하지만 보험업에는 눈에 보이지 않는 요소들이 더러 있다. 이 요소들을 어떻게 다루는가에 따라 진정한 자신감을 지닌 이들과 단순히 유능한 이들이 나뉜다.

창조성, 신념, 회복과 극복의 모든 움직임은 아직 존재하지 않는 것을 보는 단순한 행위에서 시작된다. 야간시력(어두운 환경에서 사물을 식별하는 능력)을 키우는 법(이것은 모습이 드러나지 않은 사물들의 존재를 믿는 능력을 말한다.)을 배우면 또 다른 차원의 성과를 만끽할 수 있게 된다.

당신의 자신감은 어느 정도로 견고한가? 목표를 달성하지 못했을 때 당신의 소속감은 얼마나 확고한가? 자기에게 부여한 권능이 가시적 성과를 거두지 못했을 때 스스로를 격려하는 데 유능한가? 자기 분야의 어느 누구도 근접하지 못한 경지에 도달할 능력을 지녔다고 얼마나 확신하는가?

어둠은 헤치고 나아가야 할 하나의 과정에 불과하다. 가능성을 결정할 때 눈에 보이는 것만을 고려하는 것은 날아오르기도 전에 땅에다 구두코를 못 박

시작

는 행위나 매한가지다. 그럴 경우 얼마나 높이 오르느냐는 땅과 연결해놓은 힘이 강한지, 약한지에 의해 결정될 것이다. 이 얼마나 어처구니없는 짓인가?

괴테는 말했다. "할 수 있거나, 혹은 할 수 있다고 꿈꾸는 일이라면 일단 시작하라! 담대함에는 천재성과 힘 그리고 마법이 담겨져 있다."

이는 "보는 것이 믿는 것이다"에서 "믿는 것이 보는 것이다"로의 전환이다. 눈으로 본 것들 중에서 최고가 아니라 상상할 수 있는 것들 가운데 최상의 결과 쪽으로 움직여야 한다. 적극적인 신념은 당신이 소망하는 것의 재료가 됨과 동시에 감지되지 않는다고 존재하지 않는 것이 아니라는 사실을 입증해준다.

주변의
빛을 활용하라

2

우리는 인간이다. 우리는 존재한다. 다른 동물들과 인간은 감정, 지성, 그리고 의지에 의해 구별된다. 우리는 또 '존재하는 인간'이다. 우리는 일하고 사랑하고 표현하고 행동하고 그 행동에 반응하면서 찬찬히 이 세상을 살아나간다.

인간과 존재하는 인간 사이에 놓인 것을 생각해보라. 또 하나 추가하자면 우리는 보는 인간이다.

모든 꿈과 그 꿈의 실행 사이에 서는 것이 우리의 비전이다. 성공을 바랄 수는 있지만 영혼, 감정, 마음의 시력을 키우지 않으면 그것을 볼 준비를 갖추지 못한다. 그러면 성공이 우리 곁을 지나치더라도 우리는 부지불식간에 성공을 못 보고 지나치게 될 것이다.

당신 주위에 켜진 불을 활용하라는 말은 기회가 모습을 드러내는 순간 그 기회를 포착하고 반응하는 지혜를 가지라는 뜻이다. 빛은 정보, 관계, 환경, 경험의 모습으로 온다. 그 빛의 목표는 우리들을 가르치고 성장시키고 앞으로 나아가게 하거나 교정시키는 것이다.

SECRET 8.   자신을 적극적으로 알려라

SECRET 9.   나중이면 이미 때가 늦다

SECRET 10.   진심을 담아 경청하라

SECRET 11.   정직하게 하라

SECRET 12.   계획은 희망이다

SECRET 13.   하찮은 것에도 감사하라

SECRET 14.   주위를 돌아보라

SECRET 8

자신을 적극적으로 알려라

통찰

당신이 승승장구하고 있다면 가르칠 무언가를 지녔기 때문이다. 패배를 거듭하고 있다면 이는 배워야 할 것들이 있기 때문일 것이다. 어떠한 순간에서도 건강한 경쟁은 당신이 어느 위치에 서 있는지를 말해줄 것이다.

경쟁은 개인들에게 좋다. 콘테스트에서 앞서 있다면 경쟁이 힘을 더 불어넣지만 뒤쳐져 있을 땐 경쟁이 당신을 앞으로 끌어당겨줄 것이다.

경쟁에서 이기는 것만큼 기분 좋은 일도 없다. 나는 승리를 즐기고 계속해서 이길 궁리를 한다. 다른 사람들보다 위에 있다고 생각할 필요는 없지만 그들로 인해 내 자신의 한계를 극복할 수 있다.

세일즈에 종사하는 사람이라면 소심한 성격의 소유자일 리가 없다. 어느 분야에 종사하는 사람에게나 이것은 다 통하는 조언이라고 생각한다. 하지만 특히 우리처럼 세일즈직에 종사하는 사람들에게는 더더욱 해당된다. 우리는 성취를 토대로 번성한다. 크든 작든 승리는 우리를 불지펴주는 연료와 같다.

경쟁은 회사 차원에서도 좋다. 말 그대로 경쟁(competition)은 '함께 힘쓰다'는 뜻이다. 그 말의 근저에는 무언가를 함께 찾고 있는 두 명의 능력 있는 사람들의 이미지가 놓여 있다. 서로를 깔아뭉개고 싶어 하는 영업사원들로 득시글거리는 회사는 최상의 회사가 아니다. 가장 훌륭한 회사는 성공으로의 공동의 질주를 경주하는 팀워크로 똘똘 뭉친 일단의 무리들로 이루어져 있다.

유소년축구팀의 한 아이가 팀원들에

게 공을 패스하지 않고 계속해서 골대 쪽으로 슛을 날리고 있었다.

점수로는 상대팀에 이겼지만 게임이 끝난 뒤 코치는 그 소년을 운동장 한켠으로 불러내서 말했다. "있잖아, 빌리. '팀(team)'이란 단어에는 'I'가 없어." 그러자 빌리가 말했다. "네, 하지만 'WIN'에는 'I'가 분명히 들어 있어요!"

빛날 기회는 절대 놓치지 말라. 당신이 경쟁에 적극적으로 임하는 모습은 성공적인 100번의 스피치보다 고객에게 훨씬 더 많이 어필된다. 사람들은 승자와 어울리기를 좋아하기에 느긋하게 누워 있느라 운동화 끈도 묶지 못한 사람보다는 적어도 레이스에 임하고 있는 사람과 계약을 하기 마련이다.

경쟁이 주는 압박이 늘 편하기만 한 것은 아니다. 하지만 달리는 당신의 발뒤꿈치를 누군가가 물어뜯게 하는 것이

점검

시작

그래도 좋다. 내면에서 들려오는 "멈추지 마. 그들이 너를 삼켜 버릴 거야!"라는 경고의 목소리에 좀 더 신경을 쓸 수 있을 테니까.

SECRET 9

나중이면 이미 때가 늦다

월요일, 화요일, 수요일, 목요일, 금요일, 토요일, 일요일. 일주일은 이게 다. 한 주는 이렇게 이루어지고 합해봤자 달랑 7일밖에 없다. '언젠가'라는 날을 보태놓는 사람은 아무도 없다.

근무, 전화통화, 약속, 경영현안을 뒤로 미룬다고 사람이 죽지는 않겠지만 당신의 일과 인간관계들은 말살될지도 모른다.

마지막 일 분이 없다면 어떤 이들은 일을 끝내지 못할 수도 있다. 그 어떤 이가 당신이라면 이렇게 생각해보라. 벽에 등을 기대고 있는 한 효과적으로 발전하기란 불가능하다. 연기만 하는 사람은 얻는 게 있을 리 없다. 씨도 안 뿌린 토

점검

양에서 수확이 있을 리가 없는 것이다.

미루는 버릇은 누군가의 말처럼 "지나간 어제를 좇는 기술"이다. 나는 내 일의 발전을 망치는 불행한 기술이라고 여기고 싶다. 우리들 대부분이 피곤하다고, 무리해서 일했다고 변명하면서 일을 미루는 것 자체가 아이러니다. 왜냐하면 끝내지 못한 일이 머릿속에 맴도는 것만큼 인간의 마음과 정신을 지치게 하는 일이 없기 때문이다.

끝내야 할 일이 있다면 일단 두 가지 카테고리로 분류하라. 일정표에 올려둬야 할 일들과, 일정표에 당장 올리지 않아도 될 일들. 일단 달력에 첫 번째 항목들을 기재한 다음 두 번째 항목으로 주의를 돌린다.

이제 각각의 아이템들을 두 카테고리 중 하나로 분류하라. 영원히 미뤄둬도 되는 것, 절대로 미루면 안 되는 일. 당신은 단지 두 가지 옵션의 제약만 받는다. 중간 어디쯤에 놓인 업무가 떠오르면 가장 잘 어울리는 카테고리에 포함시켜라.

이 작업이 끝나고 나면 절대로 미뤄두면 안 되는 항목에 대한 계획을 세워라. 할 가치가 있는 일이라면 계획을 세울 가치가 있는 것이다.

자, 이제는 영원히 미뤄도 되는 일 목록을 꺼내서 폐기처분하라. 평생 안 해도 상관없을 일들로 왜 머릿속을 빽빽하게 채워두는가? 잊어 먹지나 않을까라는 생각이 당신을 불편하게 한다면 계획을 세워라. 가능한 즉시, 특히 늦지 않게 필요한 일을 처리하는 습관을 들여라.

'나중에'라는 시간은 그 어떤 사람이 소유한 시계에도 표시되어 있지 않다. 그 말을 애용하는 사람은 '아무 데나'행 비행기 티켓을 돈 주고 사는 것과 같다.

시작

SECRET 10

진실을 담아 경청하라

통찰

세일즈는 획득이 아니다. 듣는 것이로되 단지 귀로만 듣는 것도 아니다.

가장 훌륭한 세일즈맨들은 사람들에게 전심전력을 기울인다. 누군가의 니즈를 충족시키려면 잡담만 한 게 없다. 무엇을 들어야 하고 어떻게 들어야 하는지를 안다면 하찮은 잡담도 중요하고 의미심장한 것이 된다.

말은 그 말의 주인인 사람들과 분리된 것이 아니며 종종 말로 내뱉지 않는 것이 말보다 훨씬 더 설득력 있고 유용할 때가 있다. 그러한 진실을 잘 받아들이면 세상을 보는 관점이 달라지고 업무수행에 변화가 온다.

흔히들 사람들에게는 경청될 권리가

있다고 한다. 남의 말을 잘 들어야 한다
고 하지만 이는 가장 자유로운 나라에서
조차도 잘 실천되지 않는다.

사실 경청은 권리가 아니다. 권리라는
것은 상대에게 요구하거나 강제할 수 있
는 것이다. 누군가에게 당신 말을 듣도
록 요구할 수 없고 당신 말에 귀 기울이
지 않는다고 벌을 줄 수도 없다.

듣는다는 것은 당신의 말을 듣기로 한
사람이 건네주는 일종의 선물이다. 잘
듣는 기술을 지니려면 대화 속에 등장
하는 단어 하나를 처리하기 전에 세 가
지 사항을 볼 수 있어야 한다.

우선 상대방이 지닌 가치를 봐야 한
다. 좋아하지 않거나 사이가 나쁜 상대
와 우격다짐를 해본 적이 있다면 상대
의 말을 자르는 게 상대를 전혀 존중하
지 않고 있음을 보여주는 제일 확실한
신호라는 것을 알 것이다. 고객에게 목

상상

소리를 좍 깔고 얘기한다거나 그에 대해 무시하는 마음이 든다면 당신은 타인의 진정한 가치를 못 보게 될 위험이 있다.

누군가를 소중히 여길 때 우리는 그의 말도 소중히 받아들인다. 고객과의 미팅에서 혼자만 말을 많이 해서는 안 된다. 그렇게 한다면 계약을 성사시키지 못할 가능성이 높다. 말을 않고 남들의 얘기를 들어만 줬더라도 성사시켰을지 모를 계약을 놓치게 되는 것이다. 좋은 질문들을 많이 하라. 그런 다음 좋은 대답이 나오기를 기다려라. 고객을 주도하지 말라. 고객이 이끄는 대로 그저 따라가라.

두 번째로 고객의 첫 마디 속에 숨어 있는 진정한 니즈를 봐야 한다. 모든 세일즈의 뒤에는 관계가 놓여 있다. 평균적인 사람이라면 이미 어떤 제품을 살지를 결정하고 당신 앞에 나타났을 것이다. 고객이 궁금해 하는 것은 "내가 이

제품을 원하나요?"라기보다는 "당신은 나를 제대로 대우해줄 사람인가요? 원하는 것을 얻고 난 뒤에도 나를 챙겨줄 믿을 만한 사람인가요?"가 될 것이다. 이에 대한 대답이 "아니요"라면 당신이 암만 활짝 미소 짓고 번드르르한 입 발린 소리들을 늘어놓는다 한들 아무짝에도 소용없을 것이다. 고객들은 진실이 내는 소리를 분명하게 듣는다.

마지막으로 자신의 몸 전체를 듣는 기계로 여겨야만 한다. 고객과 눈을 맞추어라. 입은 다물라. 정신을 집중하라. 상대가 말하고 있을 때 대답거리를 생각하지 말라. 몸을 약간 기울여 화제에 동참하고 멀찍이 비켜서 있지 말라.

고객에게 온통 주의를 기울이는 것 자체가 서비스를 베푸는 행동이다. 고객과 함께하는 시간만큼은 당신의 몸은 자신의 것이 아니다. 함께하는 시간 동안 상

시작

대로 하여금 당신이 그들의 말을 금과
옥조처럼 듣고 있음을 믿게끔 만들어라.

SECRET 11

정직하게 하라

통찰

일을 똑바로 하는 것은 옳은 일을 하는 것만큼 중요하지 않다. 사람들은 거의 어떤 일이라도 당신을 용서할 테지만 거짓말만큼은 아닐 것이다.

다른 모든 기술처럼 정직도 잘할 수 있을 때까지 연습을 거듭해야 한다. 고객들에게 우리를 믿을 수 있는 기회를 거듭 제공하여 마침내 우리만 보면 저절로 정직을 떠올릴 수 있게 만들어야 한다.

변명을 늘어놓는 데 드는 시간과 노력보다는 일을 믿음직하게 처리하는 데 소요되는 시간과 노력이 더 적다. 신실하게 일을 하는 것이 결국에는 비용을 절감하는 일이 된다. 잃어버린 진실을 회

상상

복하는 것보다 더 힘든 일은 없다.

우리가 아는 것이 많고 효율적으로 일을 처리하고 제 역할을 한다면 고객들은 마음을 열어 우리와 거래하려들 것이다. 하지만 입으로 한 약속은 반드시 지킬 수 있는 능력이 있음을 설득할 때까지 혹은 설득하지 못하는 한 실제로 계약을 따내지는 못한다. 설득했다손 치더라도 실제로 능력을 보여줄 때까지는 계약이 완결되지 못한다.

단지 계약을 성사시키기 위해 거짓약속을 늘어놓지는 말라. 무심코 던져놓은 미끼들이 결국엔 당신에 대한 고객의 신뢰를 야금야금 갉아먹게 될 것이다. 주의를 기울이면 고객이 당신을 더 이상 믿지 못할 인간이라고 판단 내리는 정확한 순간을 알 수 있다. 이미 체결한 계약은 그냥 두더라도 그 고객은 당신에게 다음번 계약과 고객추천계약을 약속하지 않을 것이다.

실제보다 더 많이 안다고 하지 말라. 모르는 것은 죄가 아니다. 모르면서 배우려 들지 않는 것이 죄일 뿐. 나의 첫 번째 고객이었던 남성은 내가 혼자서는 보험료를 산정할 수 없다고 솔직히 털어놓자 그 정직성을 높이 평가해주어 계약서에 도장을 찍었다.

반대로 지식, 정보 혹은 옵션 등을 혼자만 들고 있지 말라. 우리의 자아가 방 안에 모인 사람들 가운데 가장 뛰어나다는 것은 좋은 일이다. 우리가 상황을 장악하고 있고 세일즈의 모든 변수가 자신의 손아귀에 달려 있다는 환상을 심어주는 것에는 정보를 나눠주는 것도 포함된다.

믿을 수 있음은 신용의 작용이며 신용은 우리가 신뢰할 수 있는 사람이라는 데서 나온다. 고객들에게 우리가 아는

점검

시작

지식으로 힘을 실어주지 못하면 그들은 조종당하고 응분의 대우를 받지 못한다는 느낌이 들 것이다. 자연스레 우리를 의심하게 되고 고객들에겐 당연히 그럴 권리가 있다. 신뢰의 토대가 무너져 내린 곳에서 버틸 수는 없다.

당신은 당신의 지식을 기꺼이 나눠주는 사람이고 고객들을 신뢰한다는 것을 고객들이 알게 될 때 고객들은 고무되고 안정감을 지니게 될 뿐만 아니라 당신과의 사이가 더 돈독해진다.

정직, 충성, 완전, 충실은 단지 직업을 구하는 차원을 넘어서 전문적인 경력을 쌓기를 원하는 사람에게는 필수불가결한 요소들이다.

계획은 희망이다

실패의 원인에는 여러 가지가 있을 수 있지만 실패를 준비하지 못한 데는 변명이 있을 수 없다. 수영법을 알고 싶어 하는 마음만으로는 정작 물에 빠졌을 때 아무런 실질적 도움이 되지 않는다. 기름 탱크에 기름이 가득하기를 바라는 마음만 지녀서는 끝도 없이 펼쳐진 고속도로 위에서 아무런 도움이 되지 않는다.

항상 "눈앞의 상금에 집중하라"는 오래된 속담이 있다. 이왕이면 마음을 상금에 쏟고 길에서 눈을 떼지 않고 쟁기에서 손을 떼지 않고 일에서 정신을 놓지 않는 게 어떨까 싶다.

땀 흘리지 않고 비가 내리지나 않을까 구름만 쳐다보고 있어서는 가을에 수확

상상

을 거둘 수 없다.

소장가치 있는 것들 가운데 희생과 비용을 치르지 않고 그저 얻어지는 것은 이 세상에 존재하지 않는다. 성공이 당신에게 좋은 것이라면 그러한 성공에 걸맞은 인간이 되어야만 하는 것이다. 이는 계획을 세워 일해야 하고 계획대로 일해야 함을 의미한다.

나아갈 길이 눈앞에 또렷하다면 계획을 세울 필요가 전혀 없다. 그 길이 가파르고 힘겹거나 혹은 너무 어두침침하다면 계획만이 앞으로 나아갈 용기를 줄 수 있다.

한 해를 마무리하기 20여 일이 남은 시점에 나는 푸르덴셜 파이낸셜이 넘버원 에이전트에게 수여하는 상을 받을 후보순위 135위였다. 아내는 내가 올해의 상을 수상하리라고 믿었고 나에게 그렇게 말했다.

일할 수 있는 날이 12여 일이 남은 시점에서 135위였던 나로서는 계획이 필요했다. 나는 손가락이 닳도록 전화다이얼을 돌리고 하루에도 수십 건의 약속을 정하고 11일간 22개 도시를 종횡 무진했다. 이대로는 상이 내 차지가 아니었다. 매순간 조금씩 다가가서 쟁취해야만 했다. 나는 상에 시선을 고정시켰지만 마음은 계획에 고정되어 있었고 손은 내가 해야 할 일에 확고하게 머물러 있었다.

계획들은 남들과는 차별화되는 특별한 것이어야 한다. 돌멩이에 새겨서도 안 되지만 물 위에 적어두어도 안 된다. 원하는 것을 얻기 위해 필요한 일은 뭐든지 기꺼이 하려는 마음이야말로 소망이 실제가 되는 유일한 보증수표다.

목표를 설정하라. 당신이 향해 가고 있는 곳에 대한 모든 것을 배우라. 계획

점검

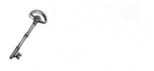

시작

실현에 도움을 줄 수 있는 사람들과 그 계획을 공유하라. 나날이 향상하는 모습을 차트에 기록하고 그것 역시 공유하라.

가만히 앉아서 당신의 인생이 훌륭해지길 기다리지 말라. 손수 그렇게 만들어라.

SECRET 13

하찮은 것에도 감사하라

나는 내가 사는 주의 곳곳에서 모인 탑 프로듀서들로 구성된 작은 스터디그룹에 속해 있었다. 우리는 한 달에 한 번 모임을 가져 좋은 정보를 공유하고 서로를 격려하고는 했다.

우리에겐 감히 넘보지 못할 만큼 대단한 고객이란 없으며 외면해버릴 만큼 사소한 계약 또한 없다는 공통의 믿음이 있었다. 모임이 있을 때마다 매번 "하찮은 것에도 감사하라"는 말을 되새겼다. 돌이켜보면 나는 이상(ideal)이 내 직업인생 전체를 특징 지워왔음을 깨닫는다.

어느 날 나는 콜드 콜(cold call: 안면 없이 전화로 미팅잡거나 무조건 찾아가는 일)을 하다가 한 여성을 만났는데 그녀는 누군가가 집으로

상상

찾아와서 보험내용에 대해 설명해주기를 원했다. 아직 신출내기 세일즈맨이던 나로서는 모든 일에 흥미를 느꼈다. 그런데 사무실에 있던 동료 에이전트들에게 그녀가 사는 동네 지리를 묻자 그곳이 위험한 우범지역이므로 혼자 찾아가서는 안 된다고 극구 만류했다.

카브리니 그린은 시카고의 남쪽 지역에 위치한 슬럼가였다. 그곳은 각종 범죄, 마약거래, 갱 문제로 악명이 높았다. 위생당국은 그 지역의 쓰레기수거를 중단했고 최악의 상태였을 때 건물 5층 높이까지 쓰레기가 쌓여서 몇 블록 떨어진 곳까지 악취가 진동한 적도 있었다.

사무실에 있던 동료들 가운데 어느 누구도 나와 동행하려 들지 않았다. 어쨌거나 한번 한 약속이니 나는 지키기로 마음먹었다. 밤늦은 시각 그곳에 도착했다. 건물 안 엘리베이터는 작동이 멈춰 있었다. 어쩔 수 없이 나는 주위에서 들려오는 부스럭거리는 소리에 대범하려고 애쓰면서 쓰레기가 발끝에 거치적거리는 어두컴컴한 계단을 더듬더듬 걸어 올라갔다.

여자는 나를 보자 흠칫 놀란 기색이었다. 자기가 사는 동네 이름을 델 때마다 사람들은 나타나질 않았고 자신의 전화를 받지 않았다고 말했다. 나는 약속을 지켰다는 사실이 너무나 뿌듯했다. 그녀는 두 명의 자식을 키우고 있는 기혼여성이었다. 아주 좋은 사람이었고 자신의 가족들이 보다 더 안전하게 살 방법을 찾고 있었다.

우리는 얼마간 수다를 떨었고 그녀는 보험에 가입했다. 그녀를 도울 방법이 있어 너무나 감사한 마음이 들었다. 용건이 끝나고 집을 나설 때 나는 한 번에 몇 계단씩 성큼성큼 뛰어내려왔다.

점검

몇 주 뒤 그녀의 남편이 직장에서 일을 마치고 귀가하던 도중에 괴한의 습격을 받아 자신의 아파트 바로 앞에서 살해당했다.

카브리니 그린까지 함께 동행해줄 누군가를 마냥 기다리기만 했다면 어떻게 되었을까? 그랬다면 나는 그곳에 갔을까? 빈민지역의 보잘것없는 계약 건으로 시간을 낭비할 가치가 없다고 결정했더라면 어떻게 되었을까?

나는 직접 보험금 수표를 전해주었다. 그것을 본 그녀는 엄숙한 표정을 지었지만 나는 그와 동시에 또 다른 표정도 읽을 수 있었다. 이제 드디어 지긋지긋한 그곳에서 탈출할 수 있게 된 것이다. 아마도 아이들은 대학에 진학할 수 있을 것이다. 아내에게 남편을 되돌려주거나 아이들에게 아버지를 되돌려줄 수 있는 방법은 없었다. 하지만 그가 없다고 희망도 사라져버린 것은 아니었다.

　그녀는 나를 보고 이렇게 말했다. "그날 밤 주님이 당신을 제게 보내주셨어요." 그녀가 옳았다. 가끔씩 특히 지치고 현재 내가 하는 일이 할 만한 가치가 있는지 회의가 밀려올 때마다 나는 그녀를 떠올린다.

SECRET 14

주위를 돌아보라

통찰

당신 인생에서 일을 제외하면 무엇이
남는가? 일을 떠난 당신은 어떤 사람인
가? 일과 무관한 것 중에 어떤 것을 하기
를 갈망하는가?

돈, 지위, 권력이 없다고 실패한 인생
인 것은 아니다. 평화, 환희, 용기, 감사
라는 불후의 보물들이 전무한 인생이야
말로 가장 큰 실패이다. 단지 생계만 이
어갈 뿐 돈으로 사거나 빌릴 수도, 인력
으로 만들어질 수 없는 것들에 대한 열
망이 없다는 것은 그야말로 비극이다.

당신의 행동들은 자신이 정한 우선순
위대로 행해진다. 명확하게는 시간과 돈
을 어디에 먼저 투자하는지를 드러낸다.
무엇에 시간을 소비하고 무엇 혹은 누구

로부터 시간을 뺏고 있는가? 수중의 돈이 당신의 본모습을 찾게 하는가 아니면 잃게 하는가? 훗날 당신이 바라는 성공한 사람 반열에 올랐을 때 가까운 사람들이 당신에게서 바라는 것들을 어느 정도 얻게 될까?

당신은 단순한 숫자놀음, 할당량, 트로피 그 이상의 존재들이다. 보상과 찬사 이상의 그 무엇을 향해 손을 뻗어야 한다. 주위 사람에게 신경 쓸 겨를이 없거나 누군가의 관심을 받아들일 여유도 없을 정도로 바쁘다면 그건 도가 지나치게 바쁜 것이다.

커리어 쌓기와는 별개로 건강한 존재감을 확립하는 일이 중요하다. 넘버원이 되는 일에 시선을 고정시키고 있는 사람이라면 더더군다나 그러하다. 더 높이 올라가 더 좋은 사람이 되도록 동기를 불어넣어주는 사람이 주변에 없다면 성

상상

공은 기껏해야 속빈 강정에 지나지 않을 것이다.

자녀가 앞으로 성장하여 어떠한 부모가 되었으면 하는가? 지금 당장 직접 그러한 부모가 되어보라. 결혼은 좋은 사람을 찾기보다 나부터 그러한 사람이 되는 것이다. 당신이 가지기를 원하는 그러한 남편 혹은 아내가 되도록 노력하라.

당신의 일정표에는 가족이 포함되어 있는가? 아니면 가족에게는 세상 사람들이 당신에게서 미소와 웃음을 마지막 한 방울까지 모조리 비틀어 짜낸 뒤에 남은 찌꺼기들만 남겨주는가? 일 핑계를 대고 배우자를 기만하기도 하는가?

내일 당신이 세상을 하직한다면 여태껏 살아온 자신의 인생에 만족할까? 주위 사람들이 당신이 내린 평가에 수긍하게 될까?

일이 차지하는 시간의 양과 무관하게 일은 언제나 목적에 대한 수단이어야 한다. 일은 당신이 우선순위라고 생각하는 것들에 대한 여유 공간을 만들어주기 위해 존재하는 운송수단에 불과하다. 일이 있다는 사실에 감사하라. 필요한 자원들을 제공해주는 일의 힘을 존중하라. 일이 당신을 정제시키고 변모시키도록 하라. 하지만 항상 가장 중요한 사실 한 가지를 잊어서는 안 된다.

당신이 일에 헌신하는 시간의 길이는 사람들과의 관계의 깊이에 헌신했을 때라야 가장 큰 가치를 지니게 될 것이다.

시작

등 뒤에도
빛을 밝혀라

3

당신은 선물이다. 알고 있든 모르고 있든 당신은 하나의 이유를 위해 이 지구상에 존재한다. 당신은 하나의 이유를 위해 당신의 일에 종사한다. 당신은 타인들에게 중요한 사람이자 그들의 인생을 계산에 넣고 가능하다면 더 나은 방향으로 변화시키도록 태어난 사람이다.

　우리의 인생은 가지거나 사용할 특권을 누리는 빛은 무엇이든지 내놓아야 하는 과정이다. 그렇게 할 때라야 우리가 헌정하는 바로 그 빛이 되는 것이다. 우리는 배운 것을 남에게 가르쳐줄 때라야 밝게 빛난다. 우리가 어둠으로부터 한 번 구출되었다는 것을 알기에 다른 사람들을 위해 자신을 내놓는다.

　누군가 당신을 필요로 한다. 누군가는 당신만이 가르쳐줄 수 있는 것을 알아야 하고 당신 이외의 그 누구도 보여줄 수 없는 것을 보아야 할 필요가 있다. 누군가는 당신이 벗어나 자유를 찾은 그러한 구속들에 묶여 있다. 누군가는 당신이 과거에 빠져 있던 그 타락의 구덩이에서 허우적대고 있다.

이것이 단지 시간, 자원, 충고를 주는 문제라면 인생을 달라지게 하는 것은 아무것도 없을지 모른다. 하지만 나눠주는 것이 당신이라는 선물의 연장이라면 그때는 영구적인 가치를 지닌 무언가를 정말 나눠주게 될 것이다. 하루가 끝날 무렵 사람들이 세상에 혼자가 아니라는 사실을 알게끔 하는 것이 우리의 일이다. 단지 그들이 볼 수 있게 하기 위함이 아니라 우리가 여행길에 그들과 함께 있음을 보게 하기 위하여 빛을 밝혀야 한다.

SECRET 15. 행동으로 신뢰를 구축하라
SECRET 16. 한계를 긍정하라
SECRET 17. 시야를 가리는 먼지를 걷어라
SECRET 18. 누군가를 위한 여지를 남겨두라
SECRET 19. 휴식을 존중하라
SECRET 20. 희생은 충족에 이르는 길이다
SECRET 21. 당신의 이야기를 선물하라

SECRET 15

행동으로 신뢰를 구축하라

사람들이 당신이 하는 말은 믿지 않을 수 있지만 당신의 행동은 항상 믿을 것이다. 입심 좋고 현란한 언변을 지닌 세일즈원에게 늘 고객이 몰리는 건 아니다. 사탕발림뿐인 그럴싸한 말만 늘어놓는 사람보다는 실제로 자신의 말을 행동으로 실천하는 사람들이 대개 계약서에 도장을 받게 된다.

성실은 나의 행동과 나의 말을 올바름과 동일선상에 서게 해준다. 성실은 "완전함, 건전함, 완벽한 상태"이다.

성실은 절대로 포기할 수 없는 우리가 지닌 유일한 도구이다. 고객들은 제품뿐만 아니라 우리의 약속을 구매한다. 그리고 제품들과 함께 우리가 내뱉은 말을 신뢰한다. 말로는 서비스와 친절을 무기로 한다고 해놓고 고객과의 약속시간에 늦거나 그 약속을 펑크낸다면 우리와 관련된 모든 사항의 질을 근본부터 의심하지 않을 수 없는 것이다.

역으로 행동을 통해 우리는 신뢰를 쌓을 수 있으며 입 밖으로 내뱉은 말을 일체의 지연이나 구차한 변명 없이 단지 성실히 행하는 만으로도 고객이 우리를 신뢰하게 만들 수 있다.

고객들의 입장에서 보다 더 애쓰고 고객을 위해 희생함으로써 고객을 위한다는 선언을 공고히 할 수 있다.

정시에 일할 준비를 갖추고 약속장소에 나타나는 것만으로도 당신에게 멘토가 되어달라고 요청한 사람에게 많은 메시지를 전해주게 된다. 그는 자신을 도와주겠다는 당신의 염원이 단지 말로만 그치는 게 아님을 알게 된다.

당신의 친구들과 교제하는 사람들은

상상

점검

당신의 자신감 혹은 자신감 부족, 인간 관계에 대한 주석이 된다. 당신의 건강 상태, 차림새, 심지어 전화응대 예절의 수준까지 당신의 실체를 말해준다. 당신이 어떤 사람인지는 좋든 궂든 당신이 할 몫이다. 한 가지 희소식은 그 향방을 당신이 선택할 수 있다는 것이다.

우선 자신의 말과 행동이 불일치하는 점이 있는지를 살펴보라. 내뱉는 말과 어긋나게 행동하는 모습이 보이는 부분에서 당신이 진심으로 믿는 바가 무엇인지를 점검하라.

머리를 사용하라. 믿음의 논리에 대해 생각해보라. 말이 통하는가? 아니라면 조리가 맞지 않는 믿음을 불러오는 심정적인 내밀한 문제들이 무엇인가? 그 부분을 들여다보기를 두려워 말라. 비록 건전한 논리에 기초를 두지 않은 감정이라 할지라도 자연스레 드는 감정을 억누를 수는 없다. 우리가 할 수 있는 것은 성공하려는 최선의 노력에도 불구하고 우리를 동요시키는 신념체계를 인식하고 바로잡기 위해 노력하는 것뿐이다.

성실성을 기르는 열쇠는 자기인식이다. 스스로에 대해 더 많이 알수록 다른 사람들에게 진정으로 자신을 내던질 준비를 더 잘 갖추게 된다.

시작

SECRET 16

한계를 긍정하라

통찰

모르는 게 없을 정도로 만사에 능통한 세일즈맨을 소개해달라. 그러면 죽어도 거래하고 싶지 않은 세일즈맨을 보여주겠다. 절대로 남의 도움이 필요하지 않은 사람을 보여주면 나는 절대로 성장하지 않는 사람을 보여주겠다. 발버둥치며 분투하거나 절대로 두려워해본 적이 없는 세일즈맨을 보여주면 나는 당신에게 현재보다 조금도 더 나아지지 않을 사람을 보여주겠다.

인생의 굴곡, 개인적인 도전과 역경을 극복하는 법을 배우는 것은 우리가 몸담고 있는 직업에서 필수적인 부분이다. 성장과 변화를 겪고 있음을 나타내주는 표지이다. 이러한 역경이 없다면 우리는 변하지도 않고 우리의 한계를 뛰어넘어 도약하는 법을 배울 수도 없다.

하지만 자기 확신과 능력의 막바지에 다다르는 것보다도 더 중요한 것은 다른 사람들이 우리가 그 한계에 도달하는 광경을 보게 하는 것이다. 우리의 나약함이 노출하는 것은 우리의 향상된 모습을 주위 사람들에게 당당하게 설명하는 것이다.

우리의 반사 신경은 무지를 선언하는 것이 아니라 도움이 비밀스럽게 우리에게 올 때까지 그릇된 자신감으로 그것을 감추고 도움을 청하지 않고 숨어 있도록 한다. 그것이 바로 자존심이고 자존심의 응석을 계속 받아주다 보면 결국엔 두려움의 노예가 된다.

도움을 청하는 것, 스스로를 교육시키는 것, 나의 약점을 남들이 잘 보게 하는 것은 "발각되지나 않을까"라는 두려움

상상

점검

에서 우리를 해방시켜준다.

우리는 평범한 인간이다. 인간은 감정이나 행동의 통제가 늘 자유로운 존재가 아니다. 때로는 타인의 도움이 절실히 필요하고 이를 인정함으로써 우리는 필요한 것을 받을 위치에 놓이게 된다.

유한함은 부끄러운 게 아니다. 몸을 쭉 뻗지 않으면 우리는 성장하지 않는다. 편안함과 위대한 정복은 좀처럼 손을 잡고 오지 않는다.

마지막으로, 다른 사람들에게 훤히 다 보이는 곳에서 자신의 한계에 도달하는 것은 어떠한 방해물들도 우리가 앞으로 나아가는 것을 가로막지 못하고 어둠이 우리가 길을 찾는 것을 방해하지 못한다는 사실을 만천하에 공개해준다. 또한 우리가 지닌 가장 큰 약점이 종종 우리를 위대한 힘의 순간에 이르게 해준다는 것을 알게 해준다.

모르는 것이 있으면 배우고 필요할 때 과감히 도움을 청하며 약점을 극복하려고 애쓰는 용감한 세일즈맨상을 보여라. 그러면 나는 당신에게 이길 수 있는 자신감과 다른 사람들을 위한 길을 환하게 밝혀주는 인격을 지닌 세일즈맨상을 보여주겠다.

시작

통찰

SECRET 17

시야를 가리는 먼지를 걷어라

비행기를 낮고 천천히 비행하게끔 만드는 요소에는 두 가지가 있다. 동체에 쌓인 먼지와 기내의 무게가 바로 그것이다. 우리가 낮고 서서히 날아오르게끔 하는 것 역시 두 가지이다. 비통함과 원통함이다.

비통함은 난처한 상황일 때 생긴다. 원통함은 어떤 사람이나 어떤 관계가 우리를 상처입힌다는 생각이 들 때 생긴다.

나도 사무실의 변화, 가정생활, 연이은 불운한 나날들, 무산된 계약 등으로 인해 쓰라린 기분을 맛본다. 쓰디쓴 맛이 남는다고 그 맛에만 초점을 맞추려든다면 무슨 일이든지 비통함으로 이

남어원 사람 주빼의 21가지 비밀

어질 잠재력을 지니고 있다.

때로는 어떤 사람과의 우연한 마주침으로 인해 기분이 나빠지기도 한다. 원통함은 그러한 기분들을 차곡차곡 기록해두었다가 나중에 그 기분을 연상시키는 물질이 되게 한다. 비통함과 원통함의 밑바닥에는 두 가지 생각이 깔려 있다. 비통함은 지금의 상황보다 더 나을 수 있는 인간이라는 것을 선언한다. 원통함은 내가 다른 이보다 더 낫다는 것을 선언하는 것이다.

비통함으로 인해 우리에게서 언짢은 느낌이 가시지 않는 것이다. 우리는 모두 자기보다 더 나은 사람들을 봐왔다. 비통함이 모든 경험을 바라보는 렌즈가 되면 그 어느 것도 온전히 즐기지 못한다. 마치 먼지가 잔뜩 끼어 있는 안경을 쓰고 세상을 바라보는 것과 같다. 이 세상 모든 사물들이 뒤틀려 보이게 된다.

상상

점검

관계의 짐을 벗어던지려는 수단으로 우리는 우리에게 잘못하거나 혹은 잘못한 것처럼 보이는 사람들은 용서하지 않기로 결심한다. 이는 일견 온당해 보이고 심지어 현명해 보이는 자기방어의 행동이다. 우리는 스스로를 자유롭게 만들고 있다고 생각하지만 실상은 그 반대이다.

원통함은 마음을 짓누르는 무게이다. 우리는 상처를 준 사람을 마음속에서 지울 수 없다. 원통함은 그러한 감정들이 표면에 떠오르지 못하도록 달아매놓은 닻에 다름 아니다.

원통함은 우리를 가볍게 해주는 게 아니라 무겁게 만든다. 비통함은 만사를 명료하지 않고 칙칙하게 만든다. 이들 중 어느 것도 빠르게 움직이거나 높이 날고 싶을 때 사용할 수 있는 것이 못된다.

우리는 특별한 상황에서 어떠한 교훈이라도 배운 다음 그것을 통해 얻어지는 복원력으로 비통함이라는 독성을 제거할 수 있다. 비통함을 줄일 수 있다면 우리는 더욱 발전할 수 있다.

용서는 타인의 죄를 잊어버리겠다는 결심이 아니다. 가지고 있지도 않은 상처를 치유하기란 불가능한 것처럼 더 이상 기억도 못하는 것은 용서 자체가 불가능하다. 차라리 다른 식, 즉 보다 겸허한 방식으로 한 사람을 기억하는 것이 낫다.

사람들이 우리가 잘 대해줄 때만 관심을 보인다면 어떻게 그들을 믿고 치부를 드러내 보이겠는가? 한 사람을 용서한다는 것은, 우리 자신이 완전하지 않다는 사실이 발각될 때 우리가 받기를 희망하는 호의를 베푸는 것을 의미한다.

시작

SECRET 18

누군가를 위한 여지를 남겨두라

우리 직업전선에서 받게 될 가장 큰 보상은 넘버원 트로피가 아니다. 행운아들만 가질 수 있는, 타인의 마음을 살찌우는 기회이다. 당신이 지닌 지혜와 경험을 다른 사람들도 활용할 수 있게 하는 것은 트로피나 상이 감히 범접하지 못할 방식으로 당신을 채워줄 것이다.

사람들에게 가르칠 것이 얼마나 많은지를 알면 놀라게 될 것이다. 특히 당신이 극복한 것과 같은 역경을 헤쳐 나가고 있는 사람들을 볼 때 말이다. 자신을 의지하는 사람들이 있을 때 우리는 더 열심히 일을 한다. 하지만 더 많이 배우고 감각을 날카롭게 키워야 한다.

푸르덴셜에서 멘토를 찾는다고 했을

때 곧바로 지원한 내가 회사에서 가장 실적이 나쁜 사람들의 멘토가 되겠다고 하자 회사 사람들은 깜짝 놀랐다.

나는 낙심하거나 상처를 입은 사람들의 멘토가 되기를 원했다. 피곤에 절어 있고 벌이가 신통찮고 기진맥진해 있는 에이전트를 되는 대로 모아달라고 요청했다. 그들은 내 머리가 어떻게 된 게 아닌가라고 생각했다. 자신의 사업도 계속해 나갈 시간이 모자랄 것이라고 경고했다. 나는 기꺼이 그 모험을 감행했다. 그것은 나라는 사람과 내가 일하는 방식을 변화시킬 결정이었다.

나는 그들에게 내 빛을 나누어주었다. 함께 산책을 하고 이야기를 나누고 경험으로 얻은 진실로써 용기를 불어넣어주었다. 그들은 내가 지닌 강점들을 보았고 나는 나의 약점을 숨기지 않고 그대로 보여주었다. 우리는 함께 배워 나갔

상상

점검

고 같이 발전해 나갔다.

내가 최상의 교육을 받은 사람은 아니지만 그들에게 변화를 일으켰다는 것은 잘 안다. 그들 중 80%가 넘버원이 되었던 것이다. 지금까지도 많은 이들이 최고의 위치를 지키고 있다. 처음 나에게 왔을 때의 소심하고 불안하고 확신이 없던 사람들이라고는 도저히 믿어지지 않는다. 나는 이들을 내 친구이자 동료라고 부르는 것이 자랑스럽다.

당신의 인생에 누군가를 가르칠 여지를 두는 것은 당신이 일을 더 잘하도록 만들어준다. 불 켜진 초로 다른 초를 불밝힌다고 잃는 것은 없다. 사실 먼저보다 두 배의 빛이 생겨날 뿐이다.

아, 그러고 보니 그때 다른 에이전트들이 했던 말이 옳았던 구석도 있다. 내 자신의 사업에 집중하는 시간은 20%에 불과했으니까.

그래도 좋다. 나는 여전히 최고의 위치에 있고 회사도 운영하고 있으니까 말이다.

시작

SECRET 19

휴식을 존중하라

통찰

분주함에는 인상적인 것이 하나도 없다. 그것은 보통 당신이 체계가 없고 절박하다는 것을 타인에게 알리는 신호가 된다. 더 열심히 더 빨리 일하는 것은 사람을 지치게 만들고 사람이 피곤하다 보면 실수를 양산하게 된다.

일에 대한 가장 큰 오해는 그 반대말을 휴식이라고 여기는 것이다. 그렇게 생각하는 사람은 일하고 있지 않을 때만 휴식을 취할 수 있고 휴식을 취하면서는 일하지 못한다고 믿는다. 하지만 진실은 그러한 생각과 상당한 거리가 있다.

휴식은 많은 것을 내포한다. 수면을 취하는 것, 어딘가에 있는 것, 이동 사이의 잠깐의 휴식시간. 휴식이 무엇이든지 간에 그것이 단지 아무것도 하지 않는 것은 아니다.

휴식은 그 순간에 필요한 것만을 하고 다른 것을 하지 않을 자유를 누리는 것이다. 우리는 일을 하면서 휴식을 취한다. 휴식은 활성화되어 있고 우리가 만끽하는 휴식은 일을 필요로 한다. 무엇보다도 중요한 것은 휴식이 질서의 함수라는 사실이다. 우리가 최상의 상태에 있을 때 휴식도 그렇다.

일벌레들은 휴식을 취하지 않는다. 대개 자신만의 중요성에 너무 골몰한 나머지 광적으로 참여하지 않아도 되는 순간들도 있다는 현실을 믿지 않는다.

남들이 보기에 당신은 늘 시간에 쫓기는 사람처럼 근심어린 표정으로 이리저리 뛰어다니는가? 일은 휴식과 같다. 하지만 너무 바빠서 하루에 단 1분조차도 휴식할 시간이 없다면 너무 바쁘다는 것

상상

점검

은 문제다.

반대로 게으른 사람들도 휴식을 취할 수가 없다. 어제 끝내지 못한 일을 처리하느라 오늘은 산더미같이 쌓인 일에 치여서 산다.

휴식은 우리가 처리하는 업무만큼이나 중요하고 우리가 거는 전화통화 혹은 지켜야만 하는 고객과의 약속만큼이나 중요한 것이다. 휴식과 일은 바다와 해변의 관계이다. 배들이 망망대해를 항해하다가 수선과 물자공급을 해안가에서 처리하는 것처럼 말이다.

기꺼이 휴식을 취하려는 마음과 능력은 자신의 일에 얼마만큼의 존경심을 지니고 있는지에 달린 문제이다. 당신은 시간, 정해진 우선순위, 사람들 그리고 교육을 존중하는가? 자기 자신의 니즈와 소망과 목표에도 정당한 대접을 하고 있는가? 이는 그 무엇보다 중요한 문제이다.

　일하라. 그리고 휴식하라. 일과 휴식
을 함께할 때 성공은 당신의 것이다.

시작

SECRET 20

희생은 충족에 이르는 길이다

가질 만한 가치가 있는 것은 반드시 어떤 대가를 치르게 한다. 그것은 좋은 것이다. 왜냐하면 비용을 기꺼이 지불하고픈 마음이 그것의 가치를 확인시켜주기 때문이다.

개인적, 직업적 혹은 사람들과의 관계에 있어서의 성공을 꿈꾸는 사람이라면 희생은 인생을 관통하여 흐르는 테마가 된다. 희생의 형태들은 종류가 다양하고 그 수가 많다. 평범하게 살아가는 사람이라면 어느 정도는 희생이 요구된다는 것을 불가피하게 알 것이다.

사람들은 대개 희생을 우리가 가진 것을 감소시킨다고 생각하지만 삶에 있어 꼭 필요하고 가치 있는 일부분으로서(가치를 더해주는 것으로서) 희생의 진정한 가치를 알려면 다른 관점에서 바라볼 줄도 알아야 한다.

단순한 행동 혹은 행위의 단계를 넘어서 희생은 일종의 자세, 즉 우리의 행위를 정의내리고 방향을 정해주도록 채택한 태도이다. 희생적인 자세는 논쟁에 이기려는 욕구를 포기하거나 까다로운 고객에게 좀더 여분의 시간을 할애하거나 고생하는 동료직원과 함께 무급으로 야근을 함께하거나 배우자를 기쁘게 해주기 위해 더 열심히 운동하는 것처럼 이타적인 생활방식들에 자신을 노출시켜준다.

선량하고 건강하며 오래도록 지속되는 관계들을 맺거나 안다면 희생이 그 안에 녹아 있다. 누군가 일생의 꿈을 실현하는 것을 본 적이 있다면 그로부터 얼마 떨어지지 않은 곳에 희생이 자리

점검

잡고 있다는 것을 알 것이다.

가족들을 위해서 내가 포기하는 것들이 많다. 또한 내 직업인생을 돌이켜보면 우리 가족 역시 나를 위해 많은 것을 희생해왔음을 알 수 있다.

고객들은 우리가 시간과 노력의 희생을 치를 가치가 있는 존재이다. 우리의 지식의 근간을 넓히는 일은 재정적 희생을 치를 충분한 가치가 있다.

이 세상에는 두 가지 유형의 감사가 존재한다. 한 가지는 무언가를 받을 때 느끼는 것이고 다른 한 가지는 더 심오하고 오래 지속되는 유형으로서 더 커다란 명분을 위해서 우리 자신 혹은 우리가 지닌 물질을 내놓을 때 경험하게 되는 것이다.

희생은 충족에 이르는 길이자 수단이다. 희생은 우리를 완전하게 해주고 우리의 자리를 견고하게 해준다.

SECRET 21

당신의 이야기를 선물하라

세상에 선보여야 할 최상의 선물은 바로 당신 자신이다. 당신이 살아온 인생 이야기 속에 세상 사람들에게 전해줄 특별한 메시지가 들어 있다. 물론 말을 꺼낼 의향이 기꺼이 있다면 말이다.

당신의 앞길을 가로막았지만 완전히 꺾지는 못한 장애물 이야기도 등장하고 당신으로 인해 더 나아진 삶에 대한 이야기도 등장한다. 당신이 들려주는 이야기를 듣다가 누군가는 삶이 모험이라는 것 혹은 사랑은 그 무엇도 정복할 수 있다는 사실을 배우게 될 수도 있다.

거절당할지도 모른다는 두려움을 어떻게 극복하느냐고 누군가 물어오면 나는 아내를 처음 만난 날부터 매일같이

상상

프로포즈했다가 85일째가 되어야 마침내 승낙을 받았던 이야기를 들려준다. 아내는 내가 전력할 수 있다고 믿은 진정한 이유였다.

우물쭈물대지 않도록 격려하고 싶을 때 나는 쌀쌀한 계절 아침나절에 시카고의 어느 주차장에서 있었던 이야기를 끄집어낸다.

나는 고객과 만나기 위해 버스를 타고 고객 집으로 갔는데 집 초인종을 울려도 인기척이 없었다. 그때 한 남자가 차에서 내리는 것이 보였다. 여기까지 왔는데 헛걸음할 수는 없다는 생각에 그에게 말을 붙이기로 결심했다.

나는 처음 본 그 사람에게 혹시 보험이 필요하지 않느냐고 물었다. 그 남자는 외박하고 지금 막 집에 들어가는 길이라고 대답했다. 아내가 화가 잔뜩 나 있어서 보험가입 따위는 생각할 정신이 없었다.

나는 그에게 한 가지 제안을 했다. "사모님이 화가 많이 나셨나 본데 같이 들어갈 누군가가 필요하지 않으신가요?" 그는 아주 훌륭한 묘안이라고 했다.

우리는 안으로 들어갔다. 남자는 나를 아내에게 소개했고 집 뒷켠으로 갔다. 남자의 아내가 남편에게 한바탕 해대기 위해 내가 얼른 집에서 나갔으면 한다는 것을 알 수 있었다. 내가 나가면 남자는 오래 버티지 못하리라는 것이 확실했다. 그때 내 머릿속에 무언가 번뜩였다.

"남편분이 외박을 이렇게 자주 하십니까?" 그녀는 그렇다고 대답했다. "그렇다면 아마도 남편분 앞으로 보험을 들어두셔야 하겠는데요?"

남자가 다시 외박을 했는지는 모르지만 내가 분명히 아는 한 가지는 그녀가 언제나 꼬박꼬박 보험료를 제때에 납부

했다는 사실이다.

자신의 이야기를 들려주기 위해 사는 사람은 인생 전체의 아름다움을 입증하고 공언하게 된다. 당신 자신의 이야기로 상대방을 격려하고 힘을 주고 가르치고 지도할 수 있다. 거친 곳은 부드럽게 할 수 있고 두려움이 가득한 곳에 평화를 불러올 수 있으며 팍팍한 공간에 여유를 만들 수 있다.

당신은 누구인가? 세상 사람들에게 어떤 종류의 빛을 주어야 하는가? 시간을 들여 인생의 주옥같은 이야기들을 들려줄 수 있는 순간들을 발굴하라. 당신의 아름다운 이야기는 세상 사람들에게 알려질 만한 충분한 가치가 있다.

지혜를 밝혀주는

CHAPTER THREE

통찰 일기

Day 1

"그건 절대로 이루어질 수 없다고 말하는 사람들은 대개 그것을 행하는 다른 사람들의 방해를 받는다." _ 제임스 볼드윈(James A. Baldwin)

최고의 수입을 올리는 세일즈맨으로 당신을 변모시키는 데 요구되는 모든 도구들이 당신이 앉아 있는 좌석 바로 밑에 있다고 한다면? 당신이 내 말을 믿는다면 즉시 의자 밑을 살펴봤을 것이고 분명 애쓴 보람이 있을 것이다.

성공을 거두는 데 필요한 모든 것들이 당신이 지금 서 있는 곳에서 불과 10블록 떨어진 곳에 있다고 하면서 어디로 가야 할지까지 정확하게 말해준다면 아마도 당신은 그 보물을 차지하기 위해 어떠한 노력이라도 경주할 것이다. 사실 성공의 연장들이 이용 가능할 뿐만 아니라 접근 가능하다는 사실을 아는 것만으로도 성공이 예정되어 있다는 것을 믿게 될지도 모른다.

하지만 성공의 수단들은 10블록만큼이나 떨어져 있지도 않고 당신이 앉아 있는 자리 바로 아래에 놓여 있지도 않다. 실제로는 더 가까이 있다. 최고로 가는 교두보를 놓는 데 필요한 모든 수단이 당신 자리에 바로 놓여 있다.

모든 것이 당신으로 시작해서 당신으로 끝난다. 찬란히 빛나는 내일을 향해 가는 여정에 필요한 모든 것이 자신의 그림자만큼이나 가까이 있는 배에 이미 실려 있다. 이제 유일하게 남아 있는 문제는 이 것이다. 이미 지니고 있는 것들을 활용하는 데 필요한 노력을 흔쾌히 쏟아 부을 것인가?

Day 2

"정부의 특정프로그램이나 정책들보다 자신의 미래전망을 훨씬 더 많이 지지하는 것이 인간의 특성이다." _ 윌리엄 베넷(William Bennett)

원하든 원치 아니하든 모든 인간은 유산을 남긴다. 어떤 사람을 두 번째로 마주치게 되면 당신이 선한 사람이건 악한 사람이건 간에 그들에게 말을 걸게 된다. 우리는 하는 일을 통해 우리가 맺는 관계 속에서, 그리고 우리의 행동으로 무슨 말들을 하고 있는가?

어느 땐가 나는 유일하게 나눠줄 것이라곤 좋은 성격의 부산물밖에 없다는 사실을 깨달았다. 그것은 내 인생의 매 성공들을 규정짓고 모든 실패의 경험들을 나에게 유리한 방향으로 작동하게 해주었다고 믿고 있다.

성격은 세상 사람들과의 외적 교류를 형성하는 '올바름'에 대한 내적 감각이다. 끊임없이 우리를 현명하고 덕 있는 결정으로 이끌면서 정직하고 공경할 만한 언행을 유지하게 해준다. 성격은 단순한 평판 이상의 것이다. 그것은 한 사람의 진정한 자아를 드러내준다. 여기서의 자아는 우리의 생김새와는 전혀 무관하다.

좋은 성격만 갖추면 모든 일이 가능하다. 반면 좋은 성격이 없으면 하느님조차 내 안에서 나를 위해 나를 통해 최선을 다할 수 없다. 나는 에이전트로서 남편으로서 아버지로서 친구로서 세일즈맨으로서 완벽한 사람이 아니었다. 하지만 내 안에서 좋은 성격이 계발되면 이 모든 위치에 있어 뛰어나기 위해 매일같이 고군분투할 것이다.

Day 3

"에너지가 야망만큼 무한하다면 온전한 헌신이 심각하게 고려해야 할 삶의 방식이 될지 모른다." _ 조이스 브라더스(Dr. Joyce Brothers)

세일즈는 전화통화로 개시되는 게 아니다. 그것은 헌신, 전념과 함께 시작된다.

간단히 정의하자면 헌신, 전념이란 일종의 맹세이다. 어떤 고객을 떠맡게 되면 특정 목적을 위해 어느 정도 그들을 위해 굳은 맹세를 한다.

'헌신, 전념'이라는 단어의 실제 구성을 보면 이해의 정도를 높여주고 풍부하게 해주는 이미지들을 발견할 수 있다. 'commitment$^{(전념)}$'는 두 단어의 조합으로 이루어져 있다. 'with'를 의미하는 'com'과 붙어로 '보내다$^{(to\ send)}$'를 뜻하는 'Mittere'가 그것이다. 그러므로 어떤 대상이나 누군가에게 전념한다는 것은 말 그대로 '그들과 함께 보내짐'을 뜻하게 된다.

헌신, 전념은 함께 가는 것이 아니라 함께 보내는 것을 의미한다. 당신이 길을 간다고 할 때 어느 길을 택할지는 당신에게 달려 있다. 하지만 보내질 때는 길도 당신을 위해 선택된다. 헌신, 전념은 언제나 당신의 니즈와 소망보다 더 많은 것을 말하는 것이다.

진정으로 헌신할 때 우리의 노력에 주어지는 성공 혹은 실패의 결과물은 우리가 전념하는 대상의 건강함 혹은 병약함에 의해 영향을 받고 결정된다. 내가 당신과 함께 보내지면 이는 당신이 가는 곳에 내가 간다는 것을 의미하고 어떤 일이 벌어지든 그 일은 우리 둘 다에게 생긴다는 것을 의미한다.

이러한 생각 속에는 놀라운 보물이 숨겨져 있다. 즉, 내가 당신에게 헌신하면 당신의 번영은 곧 나 자신의 번영을 공고히 하는 것과 같은 것이다.

Day 4

"지불받은 대가보다 더 나은 서비스를 제공함으로써 지금 서 있는 바로 그 자리에서 시작하여 전력을 다하는 습관을 기를 수 있습니다." _ 나폴레온 힐(Napoleon Hill)

필요가 발명의 어머니라면 창의성은 그 아버지이다.

목회자들에게 생명보험을 세일즈하기 시작했을 때 얼마 안 가 이 고객들의 니즈를 꼭 충족시키는 상품들이 정말 얼마 없다는 것을 알았다. 이는 푸르덴셜 파이낸셜에 그들이 필요로 하는 상품이 없다는 뜻이 아니었다. 단지 좀더 열심히 일하려면 고객을 충분히 돌봐야 한다는 것을 의미할 뿐이었다.

나는 다양한 상품들로부터 필요한 부분을 조금씩 떼어내어 꿰는 방식으로 이들에게 맞는 보험과 재무플랜을 창안해냈다. 그 결과 오늘날까지 사용되고 있는 이러한 목회와 비영리 상품 라인의 주역 중의 하나가 되었다.

　　헌신에서 나온 창의성은 결코 시간낭비가 아니다. 내가 쏟아 부은 모든 노력들은 미래의 목사님 혹은 영적인 지도자에게 더 나은 서비스를 제공할 수 있도록 능력을 갖추게 해주었다. 이들은 자신들에 대한 내 관심을 신뢰했기에 흔쾌히 친구들을 나에게 소개시켜주었다. 이들의 성공을 내 일로 만들었기에 내 성공 역시 그들의 일이 된 것이었다.

Day 5

"사람들이 일을 마무리 짓는다. 건물들도 스탭들도 그렇다고 설계도면도 아닌 바로 사람들이." _ 콜린 파월(Colin Powell)

고객들은 '세일즈' '예상치' 혹은 '실적'이 아니다. 이들은 싱글맘, 남편, 학생, 미망인, 목회자, 비서 그리고 할아버지들이다. 그들에 관한 한 우리는 에이전트 혹은 외판원들이 아니다.

우리는 잊지 않고 돌보아야 하는 사람들이다. 우리도 앞으로 닥칠 삶에 대해 불안하고 무책임하고 반응이 더딘 데다 불확실하고 불안정할 수 있다는 사실을 결코 잊어서는 안 된다. 우리가 제공하는 상품이나 서비스로 삶을 향상시키거나 보호하거나 가치를 증가시키지 못하고 그러려고 들지 않는 사람들을 보는 일은 여간 신경 쓰이는 일이 아니다. 나는 생명보험을 들 여력도 없이 빚에 허덕이는 사람들을 볼 때마다 비통함에 젖는다.

당신이 그동안 예상수익이 적다는 이유로 다른 사람들에게 수화기를 넘긴 전화통화가 얼마나 되는가? 당신이 내다 버린 것은 전화통화가 아니었다. 그것은 바로 사람들이었다.

Day 6

"우리 대다수는 때때로 생각난 듯이 (발작적으로) 자신의 꿈을 돌본다. 성공적인 삶을 사는 사람은 끊임없이 그의 목표를 바라보고 벗어남이 없이 그 목표를 겨냥하여 나아가는 사람이다. 그것이 곧 헌신이다." _ 세실 B. 드밀(Cecil B. Demille)

　헌신의 모조품은 안분자족과 억제이다.

　목표를 가슴에 품지 않은 채 길 위에 있을 때 당신은 무관심하고 헌신적이지 않다. 나는 "끝이 보이지 않는다"라고 말하지 않는다. 우리는 언제나 길의 끝을 볼 필요는 없다. 단지 다음 발걸음을 내디딜 수 있을 만큼만 길이 보이면 되는 것이다.

목표가 없다는 말은 오늘 자족하는 한은 내일을 어디서 마무리할지에 진정으로 관심이 없다는 뜻이다. 당신이 서 있는 이 길이 성공과 가까운 길인지 성공으로부터 멀어지는 길인지를 전혀 알 방도가 없다.

자족적인 사람들은 겉보기에 헌신적으로 보일 수 있다. 전장에 입고 나가는 갑옷은 '봐줄 만'하다. 일이 힘들어져서 그들의 안전지대(comfort zone)에서 축출될 위험이 있지 않는 한 진정한 군사들과 구분이 가지 않는다. 그때가 되면 전투에 올인할지 아니면 항복하고 물러날지를 결정해야만 하는 것이다.

반면, 지배적인 사람들은 마음에 목표는 지니고 있으나 목표를 이루려면 어느 길을 택할지와 도중에 다치게 할지도 모를 사람들에 대한 걱정을 하지 않는다.

이 사람들은 자신이 미리 정해둔 이상이나 계획 혹은 의견과 어긋나는 상황이 벌어질 때까지는 헌신적인 것처럼 보인다. 그 일이 벌어지면 결과를 지배하는 것이 급선무가 된다. 타인의 니즈를 자신의 자아에게 복종시키고 서비스는 장기적인 결과와 함께 희생된다.

지배적인 에이전트는 말이 많다. 헌신적인 에이전트는 주로 남의 말을 듣는다. 지배적인 에이전트는 밀어붙인다. 헌신적인 에이전트는 친절하게 안내한다.

자신의 일정 따위는 현관 앞에 놓아두라. 고객의 니즈가 무엇인지 귀 기울여 들어라. 모든 사실을 취합하여 어떻게 하나하나 분석할지를 배워나가라. 구체적인 도움을 제공하기 전에 누구와 대화를 나누고 있는지부터 알라. 자신의 말을 진정으로 들어줄 정도로 헌신적이라는 사실을 알면 고객들이 먼저 계약의사를 표명해올 것이다.

Day 7

"진짜 교육은 인간을 자아에서 탈피시켜 훨씬 더 훌륭한 존재가 되도록 하는 것이다. 인간을 전 인류와 연결시키는 무욕주의로 만들어야 한다." _ 낸시 애스터(Nancy Astor)

당신의 머릿속에는 무엇이 들어 있는가? 자신이 하는 일에 대해 얼마나 알고 있는가? 알고 있는 것으로 무슨 일을 하고 있는가?

당신의 가슴속에 들어 있는 것들은 한결같아야 한다. 잘나가는 시기이든 슬럼프 기간이든 간에 당신의 전념, 헌신은 강해야 한다. 사람들에 대한 당신의 관심이 흔들려서는 안 된다. 감정은 한곳에 매여 있어야 하지만 당신의 머릿속에 든 것들은 끊임없이 증가하고 팽

창해나가야 한다.

배움은 소득활동의 일부이고 할당량을 채우는 것보다 최신 자료와 발전된 정보에 접근하는 일이 큰 보상을 불러올 수 있다.

직업적으로 우리는 고객에게서 유용한 정보라면 가능한 한 많은 것을 알려야 한다는 점에서 고객들에게 빚지고 있는 셈이다. 나는 끊임없이 나의 고객들에게 알려줄 새로운 방법들을 찾고 있다. 세상 돌아가는 정보를 얻는 일이라면 어떤 투자도 아끼지 않는다. 정부조직에서 일하는 사람들을 위한 정보를 강화할 방법을 찾다가 알게 된 각종 자료들은 세일즈맨인 나에게도 방향감각과 깊이를 더해주었다.

개인적으로 우리는 우리가 아는 것을 모조리 사람들에게 알려줘야 할 의무가 있다. 따라서 사람들은 자신들을 위해서도 우리가 더 훌륭한 정보제공자가 되도록 돕는다. 아기한테 음식을 줄 때처럼 정보를 찔끔찔끔 나눠주다가 고객을 잃어버리는 에이전트들을 많이 봐왔다. 그들 생각에는 고객을 보유하는 유일한 수단이 고객보다 더 많이 아는 것이지만 이들이 그러는 중에도 다른 에이전트는 고객에게 정보를 알려주는 데 넉넉하고 인심이 후했다.

당신이 하는 일에 대해서 더 많은 것을 배우지 않는다면 당신은 폐기처분될 기로에 놓이게 된다. 설상가상으로 다른 사람들을 교육시키기 위해 배운 것을 사용하지 않으면 시대에 뒤처지게 된다.

Day 8

"생활은 얻는 것으로 이어가지만 인생은 주는 것을 통해 이뤄진다." _ 윈스턴 처칠(Winston Churchill)

　나는 단순한 성취와 진정한 성공 사이에는 커다란 차이가 있다고 믿고 있다. 대부분의 세상 사람들이 목표로 삼는 것은 수상과 찬사로 특징되는 표준적인 성취이다.

　진정한 성공에는 각종 수상들도 포함되지만 당신의 목표달성이 뒤따르는 사람들을 위해 길을 밝혀주도록 하는 데서 오는 보상까지 확장된다. 다른 사람들이 당신에게 좋은 일을 하는 데 관심을 가지게끔 노력하며 보낸 2년보다 다른 사람들에게 관심을 쏟으며 보낸

2달 동안에 좋은 일을 더 많이 할 수 있다.

어떤 이를 도와주려고 팔을 뒤로 뻗는 일은 이 업계에 종사하고 있는 우리의 의무이다. 그 의무를 감사히 여기는 것이 우리가 볼 수 없었던 길을 밝혀주고 우리가 도전할 기록을 세워준 앞서간 선배들에게 보답하는 유일한 길이다.

아무도 자기 윗옷의 뒷자락에 매달려서는 전진하지 못한다. 우리 뒤에 올 사람들은 우리한테서 얻을 수 있는 무언가가 필요하다. 그들에게 필요한 것은 바로 생존해 있는 목격자이다. 이들이 투쟁을 벌이고 있는 어떤 대상도 뛰어넘는 법을 시연해줄 역경을 이겨낸 선배가 필요한 것이다.

권위, 지혜 그리고 약간의 영광의 상처를 지니고 그들의 삶 속으로 들어와 이야기해줄 경험자들이 더 많이 필요하다. 그들에겐 낙담한다는 게 어떤 기분인지를 기억하는 사람들의 진정한 격려가 필요하다.

Day 9

"부, 평범함, 가난은 마음에서 비롯한다. 현실은 생각의 거울이다. 거울 앞에 무엇을 둘지를 잘 결정하라." _ 레메즈 사순(Remez Sassoon)

당신의 마음은 가장 큰 조력자가 될 수 있고 가장 큰 방해물이 될 수도 있다. 상황, 환경, 고객을 어떻게 받아들이느냐에 따라 자신감 있게 추구할 것인지와 어정쩡하게 노력할 것인지의 차이를 낳는다. 고객과의 첫 약속자리에 앉기도 전에 생각이 먼저 우리를 패배자로 만들 수 있다. 하지만 마음을 어떻게 먹느냐에 따라 낙담과 실망을 뛰어넘어 불도저처럼 밀어붙이게 만들기도 한다.

당신이 제공하는 상품에 다른 사람들의 정신이 팔리기 전에 먼저 당신에게 정신이 팔리도록 해야 함을 아는 것이 중요하다. 그러려면 자신이 어떤 사람인지를 알고 고객들에게 이를 표현할 줄 알아야 한다.

우리가 나누는 의사소통의 70% 이상은 비언어적이다. 사람들은 당신의 말보다는 행동에 더 잘 집중할 것이다. 지난번 거절당했을 때의 실망감에 포커스를 둔 채로 예비고객을 만난다면 진지하지 못한 사람 같아 보일 것이다. 입으로는 고객을 위한다고 말하고 있지만 당신의 눈과 몸짓은 전혀 고객을 배려하지 않고 있음을 말할 것이다.

나의 첫째 목표는 고객으로부터 계약을 따내거나 존경을 얻는 것이 아니다. 고객의 신임을 얻어 나와 함께라면 언제 어디서나 안전하다는 사실을 알게 하는 것이다.

당신이 머릿속을 거절의 메아리로만 가득 채운다면 거절당할 예상을 하며 고객을 만날 것이고 고객이 결국 주게 될 것도 거절뿐이다.

Day 10

"성장을 향해 전진하지 않으면 안전을 찾아 후퇴하게 될 것이다."_아브라함 매슬로우(Abraham Maslow)

나의 손녀는 올해 나이로 일곱 살이다. 손녀가 단어들을 조합하여 책속의 문장들을 끙끙거리고 읽어낼 때 우리 가족들은 모두들 이 아이를 자랑스럽게 여긴다. 아내와 나는 수화기를 집어 들고 누구라도 이야기를 들어주기만 하면 자랑삼매경에 빠지곤 한다. 세월이 몇 년 더 흐른 뒤에도 손녀가 단어들을 조합하느라 애를 먹고 있다면 우리 중 어느 누구도 이를 자랑하는 사람이 없을 것이다. 오히려 뭔가 단단히 잘못되었다고 걱정스러워할 것이다.

우리의 삶 어느 영역도 성장을 기대하지 못할 곳은 없다. 직장, 인간관계, 개인에 있어서 성장이 멈춘 곳에는 오로지 죽음만이 존재한다. 만물은 성장하도록 창조되었다. 성장은 성공의 유일무이한 가시적 징후인 것이다.

성공적인 사업체는 수입 혹은 직원이 늘어난다. 학생이라면 지식과 성과가 자라나게 될 것이다. 성공적인 결혼생활은 부부 사이가 더 가까워지는 것이다. 작황이 좋다는 것은 식물들이 더 크고 더 강하게 자라는 것이다.

잠재력에도 유통기한이란 게 있다. 학습, 경험과 성숙을 통해 발전으로 전환되지 못한 잠재력은 결국 상해서 못 쓰게 된다.

현재의 삶과 10년 전의 자신의 삶을 비교해보자. 변화가 느껴지는가? 한때는 우유만 먹다가 이제 고기를 먹기도 하지 않는가? 더 강해졌는가? 커다란 폭풍우와 맞설 수 있는가? 더 영리해지고 더 현명해지고 더 친절해지지 않았는가?

자, 당신은 나날이 성장하고 있는가?

Day 11

"한 남자가 성공이나 명성의 암시 없이 자기 직업의 일을 사랑한다면 그는 신들이 불러온 사람이다." _ 로버트 루이스 스티븐슨(Robert Louis Stevenson)

나는 높은 수익을 올리기 때문에 일이 즐거운 게 아니다. 일을 하면 즐겁고 행복하기 때문에 수익이 높다.

노력의 결실에 만족해서는 안 된다. 우리는 일을 하면서 환희를 느껴야 하고 노동을 일종의 선물로 바라봐야 한다.

진정으로 기쁨을 의무로, 노동을 선물로 생각하는 이가 우리 중 몇명이나 되겠는가? 보통은 그 반대로 바라볼 것이다. 우리는 의무적으로 일하고 간혹 일이 즐겁기라도 하면 그건 단지 어쩌다 얻은 보너스 정도로 여긴다.

그러한 시각에는 잘못된 구석이 없다. 하지만 뭔가 획기적인 일을 계획하고 있다면 사정이 달라진다.

봉투는 뜯어보지도 않고 놔두고 장애물은 그저 견디고 산은 오르지 않고 돌아가는 게 당신의 인생모토라면 기쁨이나 감사 없이 그저 일이나 꿍하니 하는 것이 좋을 수 있다. 성공을 이루기 위해 노력하지 않고 그저 일자리를 보전하느라 매일을 보내면 된다.

하지만 당신은 그저 고만고만한 성과에 만족하며 살려고 자신의 일을 시작한 것인가? 진정 남부끄럽지 않은 실적을 올리는 일이 당신의 목표인가? 평균에 만족하는 것이 진정한 소망인가?

일에 대하여 진지한 사람이라면 적당히 훌륭한 것은 충분하지 않다. 놀라울 만한 성과는 그 성과에 이르는 순탄하지 않은 행로를 기꺼이 택하고자 하는 사람들에게만 주어지는 특권이다.

그 행로는 이러한 희생의 가치가 어느 정도 크기의 보상으로 온다는 것을 알기에 눈에 보이지 않는 것을 보고 아무도 감히 시도할 용기가 없는 곳에서 즐거움을 찾는 것이다.

Day 12

"행동은 생각에서 나오는 것이 아니라 책무에 대한 준비에서 비롯된다." _
다트리히 본히퍼(Dietrich Bonhoeffer)

발전은 일의 추진만큼이나 중요하다. 인내는 당신이 준비하는 대
상이 당신을 맞을 준비가 될 때까지 어떤 처지, 어떤 상황에 놓이더
라도 버텨내는 능력을 말한다. 심은 지 하룻밤 사이에 싹이 나는 식
물은 없다. 물을 주고 뿌리를 잘 지탱해줄 토양에 옮겨 심어 모든 가
지마다 영양분을 잘 전달해줄 수 있게 해줘야 한다.

토양이나 환경이 그 성장을 수용해줄 준비가 안 되어 있다면 결국
그 식물들은 고사하게 될 것이다. 마찬가지로 당신의 일의 규모가 커

지고는 있으나 그 일을 감당할 준비가 안 되어 있으면 결국 사업은 고초를 겪게 될 것이다. 많은 회사들이 성장하지 못했기 때문이 아니라 성장할 준비가 안 되어 있었기 때문에 부도를 맞는다.

동일한 논리가 우리에게도 적용된다. 수백 명의 고객을 관리할 때와 동일한 식으로 대할 계획이라면 수백만 명의 고객을 얻으려 애써서는 안 된다. 20명의 소규모 고객들을 잘 관리하고 있지만 보다 까다로운 고객들을 처리하는 방법을 배울 숙제는 하고 싶지 않다면 그러한 고객들을 좇아서는 안 된다.

모든 성공의 길에는 파종과 기다림의 과정이 따른다. 워크숍과 세미나에 대한 투자는 부지런히 발로 뛰고 다이얼을 돌려 댈 때 미래의 큰 배당금으로 돌아올 것이다.

세상 사람들이 보기에 인내는 실패, 근면부족 혹은 자기만족처럼 보일 수도 있다. 하지만 목적이 정해진 사람의 마음에는 인내심이란 때가 될 때까지 보이지 않는 것들을 심적으로 정당화시켜주는 신념이다.

Day 13

"인생의 리얼리티는 당신의 인식이 옳든 그르든 당신이 하는 모든 일에 영향을 준다는 것이다. 올바른 관점을 지니게 될 때 사물들이 어떻게 제자리를 잡는지에 놀라게 될 것이다." _ 로저 버크만(Roger Birkman)

주위 사정은 구두점이 문장의 의미를 전달하는 것보다 인생을 규정짓지 못한다. 힘든 한 시즌을 보내는 동안 나는 그 사실을 거의 잊고 살았다. 높은 이자율로 인해 보험업계 전체가 힘든 시기를 보내고 있었다. 우리 가족과 나는 이제 막 배치를 다시 받았기에 낯설고 새로운 시장에서 자리 잡기 위해 노력하고 있었다.

설상가상으로 내게 건강상 약간의 문제가 겹쳤고 나는 내 인생의 가장 기나긴 슬럼프를 겪게 되었다. 자신감은 곤두박질쳤고 절망감의 포로가 되어가고 있었다.

그 당시엔 미처 깨닫지 못했지만 나는 변화와 관련된 크나큰 거짓을 믿기 시작했었다. 나에게 일어나는 일이 바로 나라고 믿었던 것이다.

변화에만 초점을 맞추고 우리 자신에 초점을 맞추지 않을 때 우리는 변화가 우리를 규정하도록 허락하기 시작한다. 학대받는 아동들은 자신 때문이 아니라 자신에게 일어나는 일들 때문에 자신이 무가치한 인간들이라고 생각한다. 영리하고 뛰어난 한 여성이 계속해서 승진의 문턱에서 좌절을 맛보게 되면 결국에는 그녀 곁을 지나다니는 남자 동료들보다 자신이 뛰어나지 못하다고 믿기 시작할 것이다.

슬럼프는 당신에게 일어날 수 있는 일이다. 슬럼프를 통해 정제되고 슬럼프를 통해 자신의 한계를 극복하게끔 해야지 슬럼프가 당신을 규정짓게 해서는 안 된다.

Day 14

"위험으로부터 도망치게 해달라고 기도하게 하지 마시고 위험에 맞닥뜨렸을 때 두려움이 없게 해달라고 기도하게 하소서. 내 고통의 완화를 구걸하게 하지 마시고 고통을 이겨낼 마음의 용기를 구하게 하소서."_ 라빈드라나드 타고르(Rabindranath Tagore)

　실패의 경험을 새롭게 정의하라.

　내가 재앙의 시즌이라고 여겼던 시절이 3P(전지pruning, 제거purging, 준비 preparation)의 시기였음을 뒤늦게야 알았다. 어두운 터널로 나를 밀어 넣었던 모든 것들이 지금 내가 멘토링 하는 남녀들에게 두려움과 절망의 장애물을 뛰어넘도록 자극을 주는 데 사용되는 주요한 원천

이 되었다.

나는 어떠한 화재나 홍수피해에도 찬사를 보내고 지하감옥이나 어두침침한 음지도 감사히 여긴다. 화재는 모든 나쁜 습관을 태워버리고 정상에의 등극을 방해하는 무거운 짐을 굴러가게 해준다.

홍수는 견고한 토대를 지니지 못한 것을 쓸어가 버린다. 당신이 성공에 전념하지 않는다면 당신의 결심과 헌신은 단 한 번의 홍수에도 견디지 못하고 쓸려가 버릴 것이다.

내 인생의 지하감옥은 나에게 인내가 무언지를 가르쳐주었다. 슬럼프와 수익이 변변찮았던 시즌들이 나에게 있어 지하감옥이었다. 모든 실패는 우리가 실패에서 배우기 전까지는 지하감옥이다.

지하감옥의 축복은 그 안에 들어가는 것이 아니라 나오는 것이다. 그곳에서 빠져나올 때 나는 지하감옥이 나의 운명이 아니었음을 비로소 깨달았다. 내가 이 세상에 태어난 이유인 나의 운명은 바로 '성공'하는 것이다.

이는 모든 실패와 지하감옥이 일시적이라는 것을 의미한다.

Day 15

"보다 풍요로운 삶에 이르는 세 가지 열쇠가 있다. 남들에게 신경 써주기, 타인을 위한 용기 내기, 남들과 나누기가 바로 그것이다." _ 윌리엄 아서 워드(William Arthur Ward)

성공하려면 하고 있는 일에 감정이 끼어들게 해서는 안 된다고 생각하는 사람들이 많다. 여직 내 마음과 무관하게 어떤 일을 처리하는 방법을 본 적이 없다.

대부분의 대기업들이 믿음, 관심, 신뢰를 토대로 한 마케팅전략을 펼치는 데는 한 가지 이유가 있다. 사람들은 자신들을 신경 써주지 않는 회사에는 자신의 미래를 맡기지 않기 때문이다.

나는 사람에 열중하지 가능성에 매달리지 않는다. 사람들을 보살 피는 일에 열중할 때는 실패란 불가능하다. 왜냐하면 단지 하루의 할당량을 채울 때까지가 아니라 사람들이 필요로 하는 모든 사항이 충족될 때까지 그들을 위해 일할 것이기 때문이다. 고객들에게 나는 온순하고 유동적이고 활용 가능한 존재가 된다. 즉, 더 나은 인간이 된다.

우리의 약속들이 행동을 이끈다면 성공하지 않을 수 없다.

Day 16

"승리를 얻기 위해서는 단 한 가지의 자질이 필요하다. 목적이 명확하고 자신이 원하는 것이 무엇인지 알고 그것을 갖기 위해 열렬히 소망하는 것이다."_ 나폴레온 힐(Napoleon Hill)

나는 이 지구상에 있는 그 무엇보다도 내 아내 캐롤을 사랑한다. 그녀를 만난 첫날 그녀가 나의 반쪽임을 알았기에 그 자리에서 청혼했다. 하지만 아내는 내 청혼을 단박에 거절했다.

굴하지 않고 나는 계속해서 아내에게 사랑을 간구했다. 사실 연이어 85일간이나 청혼을 해댔다. 아내의 집으로 가서 아내를 위한 저녁을 준비하고 프로포즈를 하면 일거에 거절당하고 터덜터덜 집으로 돌아가 잠자리에 들고 그 다음날 아침 일어나서 다시금 전날의 전 과정을 반복하는 일상이 85일간이나 이어졌다.

다른 사람이라면 수십 차례 거절을 받았을 즈음 포기했을지도 모른다. 그러나 내 밖에 있는 나보다 더 크고 나보다 더 강한 무언가가 청혼을 계속하도록 나를 몰았다.

아내는 우리가 만난 지 90일 되던 날 86번째 프로포즈에 예스로 답했고 우리는 드디어 부부가 되었다. 어언 45주년을 향해가는 아내와의 결혼생활을 통해 지금까지도 나는 용기와 영감을 얻고 있다.

결정은 인식과 반응의 중간 어디쯤에 놓인 것이다. 우리는 그곳에서 우리의 영혼이 말해주는 것의 가치를 정한다.

영혼의 눈이 보는 것이 진실이라고 결정한다면, 우리는 행동 개시할 마음을 먹게 될 것이다. 진실이 아니라는 결정을 내리거나 실패를 지나치게 꺼려하거나 혹은 충분히 신경을 쓰지 못한다면 우리는 가만히 서 있거나 다른 방향을 향해 가든지 둘 중 어느 하나를 결정할 것이다.

행동은 항상 우리가 진정으로 믿는 바를 드러낸다.

Day 17

"먼저 필요한 일을 하고 다음엔 할 수 있는 일을 하라. 그러다 보면 어느새 할 수 없다고 생각한 일까지 하게 된다." _ 아시시의 성 프랜시스(St. Francis of Assisi)

당신의 꿈들이 원대하다면 그저 생각만으로 실현되겠거니 기대해서는 안 된다. 그 꿈에 맞추어 살아야만 한다.

우리 모두는 정상적이고 평범한 방식으로 삶을 시작한다. 보통의 삶, 혹은 낭비되고 비극적인 삶과 놀라운 삶을 구분하는 것은 평범함을 어떻게 다루느냐에 달려 있다.

관심과 감탄을 불러오는 것들을 하는 것만큼이나 할 필요가 있는 일들, 예를 들면 작고 성가시고 비천한 것들을 하는 것도 중요하다. 우리는 모든 산을 한 번에 한 걸음씩 걸어 올라간다.

처음에는 당신의 손안에 든 삶에서부터 시작하라. 비록 화려하지는 않을지라도 당신의 삶이다. 처음엔 그다지 인상적이지 않을 수 있다. 그래도 진가를 인정해주고 그 삶을 즐겨라. 삶에서 그리고 삶으로부터 배워나가라. 당신과 함께 삶을 영위하는 사람들을 사랑하라. 그들에게 감사하는 마음을 지녀라.

만찬이 차려지기를 바라며 앉아 있지 말라. 지금 당신의 접시에 담긴 것부터 맛보라.

최근에 자신의 삶에 대하여 스스로에게 한 말이 있는가? 당신의 업적, 기쁨, 자신감을 형성하는 내적 원고는 어떤 내용인가? 자신이 가지고 있는 것에 초점이 맞춰져 있는가? 아니면 가지지 못한 것에 초점이 맞춰져 있는가?

자신의 자아를 충족시키기 위해 삶의 스펙터클한 이미지를 형성하고픈 마음의 충동을 억제하라. 그 대신 비록 하찮은 점이라도 있는 그대로 감싸 안고 나름의 미를 인정하라. 그때 그 안에서 가능성들을 보게 될 것이다.

Day 18

"서비스를 베푼다는 것은 도움을 준다는 것을 의미한다. 서비스 업종에서 직업적 성공을 추구하거나 사업적 번영을 구현하려면 일단 남에게 도움을 주어야 한다. 더 많이 도움이 될수록 그리고 더 많은 사람들에게 도움을 줄수록 당신 스스로가 더 성공하고 더 번성하게 될 것이다." _ 조 타이 (Joe Tye)

사람들은 우리가 제공하는 서비스로 우리를 평가하기 때문에 이 업계에서 잘 해내려면 하인의 마음가짐을 가져야 한다는 사실을 기억할 필요가 있다.

우리는 사람들의 말에 귀 기울여주고 제품을 제공함으로써 그 남자 혹은 그 여자에게 호의를 베푸는 것이 아니다. 우리의 고객들이 우리에게 호의를 베풀어주고 있는 것이다. 특권을 나눠주는 사람들은 고객들이고, 우리는 단지 그 특권을 받는다.

우리는 지식, 정보, 제품, 서비스의 창고를 가지고 있다. 우리의 주인들이 달라고 할 때까지 내용물들을 감시하고 지키는 일이 우리의 임무이다.

하인은 남들에게 자기가 가진 것을 줄 기회들을 찾는다. 최근에 일을 의무 혹은 책임 아닌 다른 것으로 본 적이 언제인가? 진짜 서비스는 사람들이 대단히 소중하게 여기지만 돈으로는 살 수 없는 것을 제공하되 아무런 조건 없이 주는 것을 말한다.

우리가 고객을 대할 때 각종 노력을 다하지 않는다고 고객에게 해를 입히지는 않겠지만 고객은 다른 곳에서 필요한 것을 구하게 될 것이다. 고객을 왕이 아닌 거지로 대우할 때 결국 패자는 우리 자신이다.

Day 19

"할 수 있다면 남들을 도우라. 돕지 못하면 적어도 남에게 피해는 주지 말라." _ 텐진 갸초, 14대 달라이 라마(Tenzin Gyatso, 14th Dalai Lama)

사업에서는 고객들이 가능성이다. 고객들은 새로운 계약과 사업 분야를 위해서 당신의 친구가 되어야 한다. 그리고 가장 훌륭한 선물은 그 친구들이 당신을 가족이라고 여길 때 주어진다.

푸르덴셜에서 일하기 시작한 지 3달이 지났을 때 생명보험을 원하는 한 부부로부터 걸려온 전화를 한 통 받게 되었다. 아내는 언제나 자신들의 미래를 내다보는 반면 남편은 사람 사는 데 보험이 꼭 필요할까라는 불신을 지닌 사람이었다. 나는 그 두 사람을 상대편 보험의 수혜자로 만들었다.

몇 년이 흐른 후 남편은 이혼을 결심했고 아내가 남편 앞으로 된 보험을 해약하기를 원했다. 나는 아내에게 남편 가족 혹은 심지어 자녀들한테서 압박이 오더라도 무기를 내려놓지 말라고 충고했다. 곤경에 처하거나 심한 정신적 충격이 있는 과도기에 내려진 결정들은 좀처럼 현명치 못한 처사일 때가 많다.

얼마 지나지 않아 남편은 말기뇌종양이라는 시한부선고를 받았다. 그의 보험증권은 의료비용을 충당하고도 남았고 마침내 남편이 사망했을 때 남편의 가족의 비애는 그가 남긴 재산에 대한 재정적 부담에 섞이지 않을 수 있었다.

지금은 각자 가정을 꾸린 그의 자녀들이 그때 나에게 자신들을 돌봐달라고 요청해왔다. 나는 그 가정의 붙박이가 되었고 내가 자신들의 부모에게 베풀었던 보살핌 때문인지 다른 사람은 감히 선택할 엄두조차 낼 수 없었다.

당신이 지나온 세월 동안 만나온 고객들과 좋은 관계를 개척하지 않았을지도 모른다. 사람들과 함께 하는 시간 동안에는 관심을 기울이고 당신이 제공하는 서비스가 중요하게끔 만들어라.

Day 20

"말하건대 생각을 거듭할수록 나는 인간들을 사랑하는 것보다 진정으로 예술적인 것은 없다고 더욱더 느끼게 된다." _ 빈센트 반 고흐(Vincent van Gogh)

당신이 사람이 아니라 우물이라고 잠시만 생각해보자. 당신 안에는 얼마만큼의 물이 담겨 있는가? 이제는 자신을 누구나 자신의 미래풍경을 그리는 데 사용할 수 있는 각종 물감이 든 팔레트라고 상상해보자. 사람들이 사용 가능한 색상이 몇 가지나 되는가?

당신이 제공하는 서비스는 1차원적인가 아니면 고객의 니즈를 충족시키고 자신감을 불어넣어주는 창의적인 여러 가지 방법들을 찾고 있는가? 제품을 팔고 서비스를 제공하는 일은 10년, 20년, 30년 전 방식과는 사뭇 많이 다르다. 당신이 제공할 수 있는 정보 정도는 거의 모두 인터넷 검색 엔진도 제공해줄 수 있다. 그렇다면 여타의 제품 혹은 서비스와 자신을 차별화할 수 있는 전략은 무엇인가?

트렌트를 익힐 줄 알고 앞을 내다보는 하인이 아니라면 아무것도 없을 것이다.

고객들은 저마다 모두 다르지만 각자 자기 안에 당신을 "필요해요" 혹은 "고맙지만 사양할게요"로 이끄는 감정의 지도를 지니고 있다.

고객들이 당신을 어디로 이끌게 될지는 당신의 지식, 이해, 통찰력, 신뢰도에 대한 고객의 인식 여하에 달려 있다.

당신의 눈으로 고객의 말을 경청하라. 고객들이 말하는 그대로 원하는 것에 대한 확신이 있다고 보이는가? 말로 드러내지는 못하지만 고객이 요청하고 있는 것에는 무엇이 있는가?

당신의 고객이 지닌 진짜 니즈와 말뿐인 니즈를 구별할 때 고객의 마음, 열정, 꿈, 두려움, 희망을 발견하게 된다. 그들이 무엇 때문에 살고 무엇 때문에 죽을 수 있는지를 알게 될 것이다.

하지만 한 가지 주의할 점이 있다. 사람들은 당신을 신뢰할 때만 마음을 보여준다. 신뢰를 받지 못했을 때는 그 길로 가선 안 된다.

Day 21

"이 세상에 오로지 기쁨만이 존재한다면 우리는 용감하고 인내하는 법을 배울 수 없습니다." _ 헬렌 켈러(Helen Keller)

노동의 유쾌한 측면만을 즐기기란 쉬운 일이다. 사람들의 인정을 받을 때 행복하기란 쉬운 일이다. 남들에게서 인정받고 뛰어난 업적으로 두각을 드러낼 때는 일도 즐겁기만 하다. 그러나 성공하려면 우리는 일과 관련된 보잘것없고 소득 없고 몹시도 지루하고 힘겹기만 한 일에도 기뻐할 줄 알아야 한다.

사막조차도 우리에게는 기쁨의 장소여야 하는 것이다. 황무지에서도 배부르고 자족하는 법을 배워야 한다. 우리의 경력에 음지가 없다면 이미 이룬 것들을 넘어서 한층 더 뻗어나가는 법을 배우지 못할 것이다.

진정한 성공이란 굽이굽이 산기슭 너머 오늘을 지나 현재의 이해 보다 훨씬 더 나아간 곳에서 발견된다. 노동이 주는 선물은 불확실성, 힘겨움, 압박, 고되고 단조로운 일 속에서 발견된다. 인격과 고결함은 차갑게 식은 용광로에서는 주조되지 않는다. 무거운 것이라고는 한 번도 들어보지 못한 근육에는 근력이 생기지 않는다.

Day 22

"시합에 질 때 당신은 더 자극을 받을 것입니다. 시합에 이길 때 당신은 실수를 보지 못할 뿐만 아니라 아마 실수를 말해줄 수 있는 사람도 없을 것입니다." _ 비너스 윌리엄스(Venus Williams)

우리는 자신을 원하지 않는 곳에서는 오래 얼쩡대기를 좋아하지 않는다. 부정적인 것들은 골똘히 생각할 가치가 없다고 여긴다. 하지만 성급한 후퇴가 우리를 위한 최상의 선택이 아닐 수 있다.

우리는 누군가 "노"라고 말할 때 그것을 아주 개인적으로 받아들여야만 한다. 사람들은 좀처럼 이유 없이 그렇게 말하지 않기 때문이다. 우리가 하는 일은 그러한 이유를 흡수하고 우리를 위해 작동하게 만드는 것이다. '노'라는 대답을 거절을 배울 기회와 일종의 성장촉진제로 바라본다면 거절은 우리를 더 날카롭게 단련시키고 다음번 만남을 위한 더 나은 인간으로 만들어줄 수 있다.

기회가 있다면 때때로 다음번 약속에서 다른 방식으로 처리할 일이 있는지를 물어보는 것이 도움이 된다. 몇 가지 정직한 비판을 흔쾌히 들려주는 한 명의 고객이 영업 관련서적 100권을 읽는 것보다 더 유용할 수 있다.

부정적인 반응으로부터 너무 빨리 물러서지는 말라. 거절이 훨씬 더 많은 것을 내포할 수 있다.

Day 23

"당신이 캐딜락을 달라고 기도하는데 신이 수탕나귀를 보내주면 그냥 타라." _ 작자 미상(Anonymous)

후회에는 아무런 힘이 없다. 바라기만 해서도 힘을 많이 얻지 못한다. 다음 질문으로 매일을 맞이하라. 내 손안에 무엇이 쥐어져 있는가? 그곳은 바로 당신의 힘이 존재하는 곳이다.

인간은 유한하고 언젠가는 죽을 수밖에 없는 존재이다. 한 번에 한 곳에서만 살 수 있고 그곳이 바로 '지금'이다. 지금 당신이 가지고 있는 순간들을 활용하라. 그 순간들을 완전히 다 써버려라. 열린 문을 통해 걸어가라. 문을 통해 달려 나가라.

차가 생길 때까지는 버스를 타라. 집 안에 머무르지 말라. 스테이크를 먹을 처지가 못된다면 콩이라도 씹어 먹어라. 대신 굶주리지는 마라. 당신이 내일을 기다려서는 안 된다. 내일이 당신을 기다리는 것이다. 그러니 어서 움직여라! 성공을 가지는 것과 성공에 매달릴 수 있는 것은 전적으로 다른 문제이다. 원하는 삶을 얻는 유일한 방법은 당신이 가지고 있는 삶을 원하는 것이다. 왜냐하면 현재는 언제나 미래가 당신을 준비하는 방식으로 당신을 준비시키기 때문이다. 당신이 가지고 있는 일을 하라. 설령 그것이 좋아하는 일이 아니라 할지라도. 지금 있는 곳에서 번성하라. 그곳이 당신을 아프게 할지라도. 지금 있는 그대로의 삶이 당신을 형성하고 모양 짓고 변모하게 하라. 당신의 손안에 든 것을 사용하라.

당신은 이런 질문을 해올지도 모른다. "제 손안에 아무것도 없다면요?" 하지만 우리 손안에는 언제나 무언가가 들어 있다. 어떤 순간에도 적어도 네 가지 아이템들이 들어 있다. 시간, 비전, 태도 그리고 의지가 바로 그것이다. 과거에 있었던 것에는 감사를 더하고 앞으로 있게 될 것에는 희망을 더하면 당신은 필요한 모든 것을 구비하게 될 것이다.

Day 24

"목표를 지닌 재고관리직원을 보내주면 나는 당신에게 역사를 만들 사람을 보내주겠다. 나에게 아무 목표도 없는 사람을 보내주면 나는 당신에게 재고관리직원을 보내주겠다." _ J. C. 페니(J. C. Penney)

당신이 누구인지가 당신의 하는 일을 결정짓고 당신이 어떤 일을 하는지가 바로 당신이 누구인지를 결정한다.

하루에는 24시간이 있다. 깨어 있는 시간들을 앞을 바라보며 사는가, 아니면 뒤를 돌아보며 보내는가? 당신은 해야만 하는 일을 적극적으로 수행하는 골 세터(goal-setter)인가, 아니면 시간은 쏜살같이 흘러가는데 과거에 이루지 못한 것들에 미련을 두고 아쉬워하고만 있는가? 어떤 사람들에게는 목표를 설정하는 일이 감옥처럼 답답하게 느껴진다. 이들이 보는 바는 고작 그들의 움직임이 제한되고 자유가 줄어드는 것뿐이다.

또 다른 관점을 생각해보자. 자리를 잘 잡은 목표 하나가 무계획 적으로 보낸 100시간보다 더 자유롭게 움직일 수 있는 여지를 만 들어준다.

우리가 하는 일은 기회를 잡는 일이다. 시간낭비는 거의 수입 상실 로 이어진다. 옛 속담이 우리에게는 더할 나위없는 진실이다. "시간 을 낭비하는 것은 살인이 아니라 자살행위이다."

목표를 설정함으로써 우리는 당황하지 않게 된다. 왜냐하면 예상 가능한 것들은 계획을 세워두고 예상 불가능한 것들이 느닷없이 우 리를 덮치더라도 충분한 여유 공간을 만들어 두기 때문이다.

당신에게 아무런 목표가 없다면 다른 사람들이 당신을 진지하게 받아들이기가 힘들다. 기장이 "올라타세요. 바람이 우리를 어디로 데려가는지 봅시다"라고 말한다면 그 비행기에 탑승하겠는가?

목표를 설정하고 목표를 존중하는 것은 당신의 우선순위들에 대 해서 많은 것을 말해주고 나아가 성공을 향한 결심을 보여준다.

정상으로 향해가는 길 도중에 당신은 길에 집중하거나 지도에 집 중할 수 있지만 둘 다에 집중할 수는 없다.

Day 25

"모든 것을 제어하고 있다면 당신은 대단히 느리게 움직이고 있는 것이다." _ 마리오 안드레티(Mario Andretti)

　내일은 당신 것이다. 얼마나 빨리 내일을 얻느냐와 얼마나 효율적으로 소유하느냐는 얼마나 기꺼이 놓아주는지에 달려 있다.

　약간의 불확실성과 연약함은 좋다. 이미 모든 정답을 가지고 있다면 절대로 성장하지 못할 것이다. 자신이 아는 수준을 넘어서도록 스스로를 재촉하지 않을 것이다. 약간의 혼돈은 당신을 긴장하게 하고 기민하게 반응하게 하며 겸손하게 만든다.

　이 모든 것을 다 통제할 수 있다면 당신은 아주 인상적인 경력을 지녔을 수 있다. 하지만 장담하건대 절대로 넘버원의 자리에 오르지는 못할 것이다. 누가 당신을 따라잡을까 봐 약간은 걱정스러워해야 한다. 그렇지 않으면 조금이라도 더 빨리 뛰지 못한다.

주기적으로 자신을 배움의 위치에 두어라. 자신의 한계를 발견하고 스스로 그 한계를 극복할 공간을 만들어라. 더 훌륭한 현인을 존경하고 더 위대한 희생에 전념하고 한층 더 겸손하게 수행하고 예상치 못하는 일들을 기대하게끔 하라.

절대로 남들이 간 길은 좇지 않겠다는 자기중심적인 아집을 버려라. 지나치게 자기 보호적이어서 남의 성공에만 기여해서도 안 된다. 지나치게 자의식이 강한 나머지 어려움을 겪고 있음에도 불구하고 진실을 감춰서도 안 되며 지나치게 독립심이 강한 탓에 남의 도움은 절대로 청하지 않는 것도 안 된다.

가끔씩 절벽에서 뛰어내려보라. 어둠 속에서 달려보라. 지식에 관한 한 가끔씩 거지가 되어 구걸도 해보라. 안전망에 구멍도 뚫어보라.

나는 당신이 살려고 들지 않을까 봐 걱정이지 죽게 될까 봐 걱정하지는 않는다.

Day 26

"경쟁 지향적인 세상은 두 가지 가능성을 제공해준다. 경쟁에서 패배할 수 있다. 이기고 싶다면 변화할 수 있다." _ 작자 미상(Unknown)

지금 하는 일에서 최고가 되고 싶은가? 그러면 항상 자기 자신과 경쟁을 한 뒤에 당신의 '상대'보다 조금 더 뛰어날 수 있는 모든 기회를 거머쥐어라.

최초의 위험을 감수하라. 어차피 범할 수밖에 없는 실수라면 더 일찍 범하고 더 빨리 바로잡아라. 질문도 제일 먼저 하고 해답도 제일 먼저 찾으라. 숙면을 취하고 아침에 남보다 일찍 일어나라. 전화통화를 더 많이 하고 더 많은 영역을 누비고 더 높이 뻗고 더 깊이 파고 더 창조적으로 문제를 해결하라.

자신과의 경쟁에서 가장 좋은 것은 상대가 누구인지를 알고 있다는 점이다. 상대편의 장점들, 약점들, 그리고 두려움을 안다. 상대의 생각을 늘 읽고 상대의 모든 속임수를 안다.

매일 상대가 발전하고 있음을 보겠지만 크게 신경 쓰지 말라. 상대가 당신의 게임방식에 익숙해졌다면 이번엔 커브를 던져라. 새로운 것을 배워서 아직 모르고 있는 동작을 매일 보여주라.

경고하건대 당신이 포기할 때까지는 상대도 포기하지 않을 것이다. 당신이 더 뛰어나다는 사실을 알기에 당신을 중도에 포기시키거나 이기기 위해 상대는 마인드게임을 벌일 것이다. 상대가 그에 대한 값을 치르게 하라.

상대를 압도하라. 매일 아침 그를 노려보아 눈길을 피하게 만들라. 매일 그를 패배시켜라. 매일 아침 상대방에게 모자를 건네주고 당신이 그보다 더 낫다고 말해주라. 그런 다음 그를 침대로 몰아서 내일 아침에 일어나 다시 한 번 도전할 결심을 하게 하고 푹 잠들게 하라.

Day 27

"당신은 전달할 독특한 메시지와 불러줄 독특한 노래와 나눠줄 독특한 사랑을 지니고 있습니다. 이러한 메시지, 노래, 사랑은 유일한 한 사람과 당신한테만 독점적으로 책임이 맡겨져 있는 것입니다." _ 존 파웰(John Powell)

모든 남자와 모든 여자는 소위 '남과 다른 삶'이라는 유산을 남길 수 있다. 이것은 진부함을 넘어서고 평범함을 초월하고 단지 풍족함만으로 충족되지 않는 삶을 말한다. 그것은 우리 모두가 이해하고 소유하고 소중히 여기기 위해 추구해야만 하는 유산이다.

남과 다른 삶은 문화적 혹은 사회적 교양의 경계 안에서 살아지는 게 아니다. 그랬다면 로자 팍스 여사는 버스 안에서 좌석을 백인에게 양보했을 것이며, 마틴 루터 킹 목사 역시 작은 시골 마을 침례교 목사로 남았을 것이다. 남과는 다른 삶을 사는 데는 허락을 요하지 않는다. 오히려 다른 사람들이 당신의 삶을 목격하도록 당신이 허락을 해준다.

삶의 가장 위대한 보물은 사람들이 한결같이 '너는 못해!'라고 말하는 일을 하는 것이라고들 한다. 다들 자신들을 환영할 뿐 아니라 필요로 하는 곳으로 용맹무쌍하게 걸어 들어가고픈 비밀스러운 소망을 품고 산다. 그곳이야말로 우리의 꿈들이 기다릴 만한 가치가 있었음이 입증되는 공간이다.

자신만의 삶을 영위하는 데 드는 비용이 높다는 것은 두말할 나위가 없다. 평균적 예상들에 도전장을 내밀기란 결코 쉬운 일이 아니다. 그러한 기대수준들이 당신 안에 둥지를 틀고 있을 때는 더더군다나 어려운 일이다. 어쨌든 시도하라. 당신 안에서 혁명의 징후가 없다면 세일즈를 선택하지도 않았을 것이다.

우리가 하는 일은 평범하다. 믿든 안 믿든 간에 성공이란 평범한 일이다. 삶에 있어 진귀한 요소는 바로 당신 자신이다. 이 세상에 유일무이한 존재인 바로 당신. 당신이 평범한 '매일'을 특별한 나날들로 변화시킬 수 있다.

오늘 꿈꿀 수 있는 가장 큰 이상을 품으라. 당신의 땀방울과 결단력이 좇지 못할 곳은 없다는 사실을 확신하고 상상력의 칼날을 마음껏 휘둘러라.

Day 28

"우정은 나누고 공유함으로써 번영을 더 찬란하게 빛나게 하고 역경의 무게를 덜어준다."_ 키케로(Cicero)

　40년간의 직업인생이 가져다준 가장 커다란 선물은 바로 우정이다. 내 고객들은 내 친구들이다. 고객들과 좋은 유대관계를 발전시킬 때 비즈니스는 자연히 따라오게 되어 있다.

　친구들과 사이가 가까워질수록 그들은 미래의 재정을 다루는 문제에 있어 나를 더 많이 의지하게 된다. 자신들의 꿈의 실현에 내가 관심을 쏟는다는 것을 알기에 나와 꿈을 나누고 싶어 한다. 나 역시 내 꿈을 실현시키는 데 있어 친구들을 신뢰하고 그들은 내 꿈이 현실화되도록 돕는다.

　다른 사람들의 삶을 도울 방법을 찾고 있을 때 당신도 도움을 얻는다. 심은 대로 거두고 언제나 싹이 씨보다 더 크다는 사실을 떠올릴 때까지는 이것은 논리에 맞지 않아 보인다. 당신이 사람들의 마음속에 배려, 관대함, 자비를 심고 있다면 사람들도 당신에게 배려, 관대, 자비를 베풀어줄 것이다.

　고객들이 당신의 친구가 될 때 수고와 경쟁을 나누고 성공도 공유하게 된다.

　고객들이 당신의 친구가 될 때 그들은 가장 소중한 사람들에게 당신을 소개시켜주고 다시금 당신은 그 새로운 친구들에게 도움을 나눠주게 된다.

Day 29

"질문을 두려워하는 자는 배우기를 부끄러워하는 자다." _ 덴마크 속담(Danish Proverb)

　우리에게 있어 신용은 돈이나 마찬가지다.

　사람들은 우리가 아는 것에 대해서는 우리가 믿는 것만큼의 관심이 없다. 우리가 우리 자신의 카운슬링에 주의를 기울이지 않고 있다면 제공하는 서비스에 사람들은 흥미를 보이지 않는다.

　우리가 제공하는 모든 어드바이스의 밑바탕에는 고객이 모든 것을 다 알지는 못하므로 도움을 청하고 도움을 받는 것이 현명하다는 생각이 깔려 있다. 얼마나 자주 그러한 어드바이스를 마음으로 받아들이는가?

나라고 항상 최고의 플래너인 것은 아니다. 혼자서도 미래의 큰 그림을 그릴 수는 있지만 세세한 부분을 묘사하기 위해서는 타인의 도움이 필요한 순간들이 있다. 그 부분에 재능이 있는 사람들이 있다. 당신의 목표는 그 사람을 찾는 일부터 포함해야 한다.

그다지 큰 애착 없이 길에 머무르고픈 유혹이 있을 수 있다. 도움이 필요하다는 사실을 인정하는 일은 마음이 편치 않고 간혹 초라한 기분이 들게도 한다. 하지만, 당신이 도움을 청함으로써 자신의 목표를 추구하게 된다. 그들에게서 그 기쁨을 뺏고 싶은가?

우리가 저지르는 실수는 도움을 간청하는 일이 우리를 약자로 만들고 무능한 인물로 낙인찍히게 한다고 생각하는 점이다. 사실은 그 정반대이다. 도움을 구하는 마음은 대개는 감성지능, 안정감, 용기, 그리고 보다 발전된 수준의 정직성을 나타내준다.

당신은 어떠한가? 도움이 필요한가? 그렇다면 도움을 청하라.

Day 30

"결혼생활이 완벽할 거라고 생각하고 있다면 아마 아직 결혼피로연 중일 것이다."_ 마사 볼튼(Martha Bolton)

수스 박사가 쓴 멋진 어린이 동화책이 한 권 있다. 비참한 고향을 떠나 단 한 가지 문제만 지녔다고 전해지는 도시로 여행을 떠나는 불행한 한 사람에 관한 이야기이다. 주인공의 삶은 불행과 불운으로 점철된 인생이었다. 단 한 가지 문제만 존재하는 완벽한 삶은 생각만으로도 거부할 수 없는 유혹이었다.

그는 이곳에 가기 위해 홍수, 폭풍우, 어둠 등 온갖 종류의 재난들을 헤치고 나아간다. 마침내 그 도시의 초입에 도착했을 때 그는 홍분을 억누를 수가 없었다. 상상했던 것만큼이나 아름다운 곳이었다. 문 밖 땅바닥에 열쇠가 하나 놓여 있는 걸 본 그는 얼른 달려가 열쇠를 주웠다. 새로운 삶을 시작하는데 더 이상 일 분 일 초도 허비하고 싶지 않았다.

열쇠구멍에 열쇠를 집어넣었지만 열쇠를 미처 돌리기도 전에 확 도로 튕겨져 나왔다. 이 도시의 문제라는 게 문 열쇠구멍에 사는 조그마한 괴물인 것 같았다. 괴물은 누구도 열쇠를 사용하게끔 내버려두지 않았다. 그랬다. 이 완벽한 도시의 유일한 한 가지 문제는 아무도 도시 안으로 들어가지 못한다는 거였다. 도시는 텅 비어 있었다.

삶 혹은 일은 결코 문제로부터 자유롭지 않다. 불평불만을 늘어놓는다고 문제가 해결되지는 않는다. 도중에 그만둔다고 문제가 없어지지도 않는다. 그런 삶을 추구하는 것은 세상에 대한 환멸을 품게 하고 위험 회피적인 인간으로 만들 뿐이다. 당신이 성공하지 못하게 하는 행동들이다.

문제는 확신을 강화시키는 기회이다. 문제가 생겼다고 도망치는 것은 사람을 나약하게 만들고 앞으로 닥칠 전투에 무방비상태로 있게 할 뿐이다.

문제가 없는 곳에서 문제를 찾아다니지 말라. 정말 해결이 어려운 문제라면 아예 생각을 말라. 어떤 문제들은 그냥 저절로 해결되기도 한다.

　살아 있는 모든 생명체는 햇빛과 비가 필요하다. 문제없는 삶은 진짜 삶이 아니다.

Day 31

"매일 아침 일어났을 때 하고 싶든 하고 싶지 않든 간에 해야만 할 일이 있다는 사실을 하느님께 감사하라. 일을 해야만 하고 억지로 최선을 다해야 할지라도 게으른 자들은 결단코 알지 못할 수많은 미덕을 길러줄 것이다."
_ 찰스 킹슬리(Charles Kingsley)

일 년에 한 번 나는 패닉상태가 된다.

40년이나 경력을 쌓아왔음에도 해마다 1월이면 여지없이 반복된다. 어느 날 아침 눈을 떴을 때 나는 내가 원점으로 되돌아가서 또 한 번 내 실력을 입증해야 한다는 강박관념에 사로잡힌다.

지난 12월에 내가 얼마나 대단한 인간이었는지는 전혀 중요하지 않다. 해마다 내가 얼마나 많은 실적을 올리는지는 문제가 되지 않는다. 1월이 되면 다시금 실적왕이 되어야 한다는 것이 내가 좇아야만 할 꿈이 되는 것이다. 만물이 다시금 동등해지고 나는 거울 앞에서서 또다시 되뇌인다. "내가 세일즈맨으로서 충분히 뛰어난 사람인가? 내가 올해의 실적왕 혹은 그에 버금가는 실적을 올리는 데 요구되는 일들을 할 수 있을까? 다시?"

한때 나는 흔들리는 자신감을 하나의 약점, 즉 신인왕의 저주라고 보았다. 아무튼 균형감각과 자기 확신은 보험업의 필수불가결한 도구이다. 이 두 가지를 갖추지 못하면 분명 다음 둘 중 어느 하나의 처지에 빠지고 말 것이다. 슬럼프 혹은 퇴출. 세 번째 옵션사항을 택하지 않는다면 말이다.

싸워라. 이것은 자신의 일을 사랑하고 있으며 숙련된 상태를 유지하기 위해 필요한 것은 무엇이든지 기꺼이 하겠노라는 사실을 스스로에게 상기시키는 기회가 된다.

나는 사무실에 가서 작년 파일을 끄집어내고는 새로운 사업거리를 찾아본다. 고객과의 만남, 고객과의 전화통화, 고객과 나눈 대화 하나하나까지를 기억해낸다. 서류 한 귀퉁이에 적어둔 기록들을 눈으로 훑어본다. 그날의 기분을 떠올리고 "좋습니다. 계약합시다"라는 말을 듣는 것이 어떤 기분이었는지를 회상한다.

오전 끝 무렵 패닉상태는 두근거리는 흥분으로 바뀌어 있다. 재충전되어 다시금 올해 첫 계약을 따내고 싶어 안달이다.

우리가 하는 일이 일련의 인사치레들, 회의와 전화통화, 목표설정과 목표달성만인 것은 아니다. 그런 식으로 바라보면 우리 일의 기쁨은 송두리째 빼앗기고 만다. 차라리 일종의 댄스, 사계절, 흘러가는 강물, 혹은 부를 줄 아는 노래라고 여기라. 그리고 그것을 즐기고 음미하라. 끝까지 행복하게 사랑하면서 살라.

넘버원 세일즈맨의 비밀수첩

초판 1쇄 발행 2009년 5월 25일
개정판 1쇄 발행 2018년 4월 25일

지은이 솔로몬 힉스, 미셸 존스
옮긴이 변인영
펴낸이 이범상
펴낸곳 (주)비전비엔피 · 비전코리아

기획 편집 이경원 심은정 유지현 김승희 조은아 김다혜 배윤주
디자인 조은아 임지선
마케팅 한상철 금슬기
전자책 김성화 김희정 김재희
관리 이성호 이다정

주소 우)04034 서울시 마포구 잔다리로7길 12 (서교동)
전화 02)338-2411 | 팩스 02)338-2413
홈페이지 www.visionbp.co.kr
인스타그램 www.instagram.com/visioncorea
포스트 post.naver.com/visioncorea
이메일 visioncorea@naver.com
원고투고 editor@visionbp.co.kr

등록번호 제313-2005-224호

ISBN 978-89-6322-129-8 03320

- 값은 뒤표지에 있습니다.
- 잘못된 책은 구입하신 서점에서 바꿔드립니다.

이 도서의 국립중앙도서관 출판예정도서목록(CIP)은 서지정보유통지원시스템 홈페이지(http://seoji.nl.go.kr)와
국가자료공동목록시스템(http://www.nl.go.kr/kolisnet)에서 이용하실 수 있습니다.(CIP제어번호: CIP2018011044)